LES
Travailleurs du Livre
ET DU JOURNAL

PAR

G. RENARD

———

TOME PREMIER

———

PARIS

LIBRAIRIE OCTAVE DOIN

GASTON DOIN, ÉDITEUR

—

1925

Gaston DOIN, Éditeur, 8, place de l'Odéon, Paris, 6e

BIBLIOTHÈQUE SOCIALE
DES MÉTIERS

PUBLIÉE SOUS LA DIRECTION
DE
Georges RENARD

Professeur d'Histoire du Travail au Collège de France

Dans une époque où le monde du travail est en pleine transformation, où le relèvement de la prospérité matérielle de la France exige la concentration et l'harmonie de toutes les forces nationales, il nous paraît d'une importance extrême de mettre à la portée du public et des travailleurs eux-mêmes des livres qui leur fourniront des notions exactes sur les métiers exercés en notre pays.

Il ne s'agit pas de faire concurrence aux ouvrages purement techniques qui existent déjà ; les procédés de chaque métier, qu'il est indispensable aux spécialistes de connaître, ont peu d'intérêt pour la masse des lecteurs ; ils ne doivent occuper ici qu'une place restreinte.

En revanche, une attention particulière sera donnée à l'historique sommaire, mais précis, de la profession ; à l'organisation et à l'administration des entreprises ; aux rapports des employeurs avec les différentes catégories de leurs employés (salaires, durée de la journée, contrats collectifs, règlements d'ateliers, participation aux bénéfices, etc.) ; à la question de l'apprentissage ; aux maladies professionnelles ; à la vie et aux revendications des ouvriers ; aux améliorations désirables et possibles.

Nous ferons en sorte que chaque volume soit composé par un spécialiste, qui, ayant, comme on dit, mis la main à la pâte, aura vu de près les choses et les gens dont il parlera.

Les volumes sont publiés dans le format in-16; ils comprendront chacun de 250 à 600 pages, avec ou sans figures dans le texte. Chaque volume se vendra séparément.

Bibliothèque Sociale des Métiers

TABLE DES VOLUMES
ET LISTE DES COLLABORATEURS

*Les volumes publiés sont indiqués par un **

LES INDUSTRIES MÈRES :

Les produits chimiques. MATAGRIN (*Sous presse*).
* Les travailleurs du livre et du journal. 3 volumes,
Georges RENARD.

LE VÊTEMENT :

La lingerie. Jeanne BOUVIER.
Fleurs, plumes et modes. Marguerite BOURAT.
Fourrure et pelleterie. Mme Claude RÉAL et RUL-
LIÈRE *(Sous presse)*.
La confection. X...
La grande couture. MARTSCHOUCK.
La dentelle. Mathilde PARAF.
L'ouvrier en soie. LEROUDIER.
Les industries du coton. X...

ALIMENTATION

* Meunerie, boulangerie, pâtisserie. A. SAVOIE.
L'épicerie. Marcel LAURENT.
Bouchers et charcutiers. DU MAROUSSEM.
Cuisiniers, garçons de café, de restaurant, de marchand
  de vin. DIDARET.
Les industries du sucre. ANTOURVILLE.
La tonnellerie. Edmond POTIER.
L'industrie hôtelière. Mᵐᵉ Claude RÉAL et GRATE-
  ROLLE.
Les gens de maison. Mᵐᵉ MOLL-WEISS *(Sous presse)*.
La pêche. BRAUT.

SOINS DU CORPS :

La parfumerie. BARRAT.
La Savonnerie. MATAGRIN.
Les coiffeurs. DESPLANQUES.

AGRICULTURE :

* L'Ouvrier agricole. P. RÉGNIER.
Maraîchers, horticulteurs, vignerons. Alph. HODÉE.
Les bûcherons. Emile DUMAS.

TRANSPORTS :

Les employés et ouvriers des chemins de fer. BIDEGARAY
Fiacres et taxis. GUINCHARD.
* La batellerie. Louis LOUIS.
Les dockers. BRAUT.

COMMERCE

Les employés de commerce. Eugène GRENIER.
Les employés de banque. Lucien VOL.
Les sténo-dactylographes. Mlle PIERROT.
Les forains. Charles MALATO *(Sous presse)*.

SPECTACLES :

Les métiers du théâtre. Pierre PARAF.
Le cinéma. Mme DULAC.
Les instruments de musique. Pierre PARAF.

*(Cette liste sera complétée au fur et à mesure que la collection
paraîtra)*

BIBLIOTHÈQUE SOCIALE DES MÉTIERS

PUBLIÉE SOUS LA DIRECTION DE

Georges RENARD

Professeur d'Histoire du Travail au Collège de France

Les Travailleurs du Livre et du Journal

I

INTRODUCTION

*Qu'on ne cherche point ici une œuvre d'érudition;
une liste détaillée des livres et journaux qui ont paru
en France, un relevé des papetiers, imprimeurs,
relieurs, éditeurs, libraires, qui ont vécu et opéré en
notre pays ! Qu'on n'y cherche pas non plus un manuel
des procédés techniques qui ont été jadis ou sont
aujourd'hui pratiqués, une discussion approfondie des
problèmes que peut susciter la naissance d'une invention ou d'un ouvrage !*

*Les travaux des érudits sont à coup sûr fort esti-
mables, fort utiles et même fort nécessaires; mais
l'histoire n'est pas un catalogue; elle vit de sacrifices.
Elle ne doit pas se perdre dans la poussière des faits;
elle doit les ordonner, les classer, les résumer, en composer, selon le mot de Mme de Sévigné, un consommé,
facile à avaler et à digérer.*

*Donc, en écrivant cette étude sur l'imprimerie en
France et sur les métiers auxiliaires qui se sont
développés autour d'elle, comme des branches autour
d'un tronc commun, en déroulant l'évolution qu'ont
suivie le livre et le journal, puis la condition de ceux
qui travaillent à les faire et à les répandre, nous
entendons nous en tenir aux grandes lignes de cette*

vaste enquête portant sur le passé et plus encore sur le présent, marquer en traits précis, mais sommaires, les causes, les dates, les conséquences des grandes transformations qui se sont accomplies au cours des siècles dans le domaine que nous parcourons. Nous ne voulons pas faire autre chose; nous prions qu'on n'attende et ne réclame pas de nous autre chose.

LES TRAVAILLEURS DU LIVRE ET DU JOURNAL

PREMIÈRE PARTIE

CONDITIONS MATÉRIELLES DES TRAVAILLEURS DU LIVRE

CHAPITRE PREMIER

COUP D'ŒIL SUR LEUR HISTOIRE

§ I. — AVANT LE XVᵉ SIÈCLE

On ne saurait trop magnifier l'importance de la révolution que l'imprimerie opéra dans les choses de l'esprit. On a dit que son invention sépare l'ère moderne du moyen âge. Mot d'imprimeur à qui l'on pourrait opposer la fameuse réplique : « Vous êtes orfèvre, monsieur Josse ». Mais il est confirmé par tous les historiens qui s'accordent à signaler la typographie comme une découverte d'une portée incalculable, comme un bienfait immense, comme une fontaine de Jouvence renouvelant le monde de la pensée, comme une arche sainte de l'humanité, suivant l'expression d'un poète ouvrier, comme une conquérante qui s'est emparée de la terre entière avec une trentaine de soldats de plomb.

Pour se rendre compte de sa valeur civilisatrice, il suffit de jeter un coup d'œil sur les moyens rudimentaires que l'on avait jusqu'alors employés soit pour conserver le souvenir des choses passées, soit pour faire circuler d'un point à un autre la pensée vivante.

On sait comment, dans l'ancien Pérou[1], les messages étaient transmis par un système de cordelettes dont les nœuds, les couleurs, l'arrangement avaient une signification convenue; comment, chez d'autres peuples primitifs, des ceintures faites de coquillages de différente nature ou des bâtons entaillés de telle ou telle façon servaient de communications muettes. Et il est piquant d'observer que nous avons encore des réminiscences de ces antiques usages dans le nœud que nous faisons au mouchoir pour parer aux défaillances de notre mémoire et dans les tailles de bois où les boulangers de village marquent, par des encoches, le nombre des pains qu'ils ont livrés à crédit.

Ce fut déjà un grand progrès quand, par des dessins pareils à ceux que les gamins charbonnent sur

---

[1] Voir *Le Travail en Amérique avant et après Colomb.* (*Histoire universelle du Travail.* Librairie F. Alcan. Paris, 1914.)

les murs, on tâcha de représenter les événements
dont on voulait perpétuer la souvenance. Ce procédé
peut passer pour un acheminement vers l'invention
de l'écriture. Quand les dessinateurs avaient aligné,
l'un à la suite de l'autre, sur une surface quelconque,
un homme, un soleil, une maison, un bœuf, un char
de guerre, la succession, l'attitude aussi des figures
permettaient d'exprimer, d'une manière encore fort
imprécise, une série de faits et d'idées. Puis on fit
un nouveau pas en avant. Le signe, déjà modifié,
abrégé, qui, par exemple, reproduisait sommairement le plan d'une maison (deux carrés super-

posés ⊟) en vint à représenter un son.

La maison, chez les Hébreux et les Phéniciens, se
disait *Beth*; le signe, qui en était le symbole, fut
adopté pour dire la syllabe Beth, et des transposi-
tions semblables se firent pour d'autres mots. On
passait de l'écriture idéographique à l'écriture pho-
nétique. « La forme des lettres, a dit Renan, représente dans les anciens alphabets sémitiques ce que
le nom de la lettre signifie » — et encore aujourd'hui,
dans la forme de notre B on retrouve une vague
image de la maison réduite à une figure simplifiée.

En marchant dans la même voie, on s'avisa de
décomposer les syllabes, de distinguer les consonnes
et les voyelles. Ce jour-là fut un grand jour. Il marquait une vraie révolution sociale. Avec une trentaine de signes, on sut rendre sensibles les principales articulations de la parole humaine; l'alphabet

fut créé, probablement chez les Phéniciens, peuple
commerçant qui avait besoin de tenir clairement ses
comptes. L'opération fut tout à fait analogue à
celle que l'imprimerie devait accomplir bien des
siècles plus tard, en séparant, elle aussi, et en ren-
dant mobiles les caractères destinés à représenter
les différents sons.

Il n'est pas utile de détailler ici les formes diverses
que l'alphabet devait prendre chez les différents
peuples. Mieux vaut indiquer la diversité des
matières sur lesquelles fut appliquée l'écriture :
briques cuites au soleil comme chez les Assyriens;
pierres et bronzes où furent gravées des inscriptions
officielles; omoplates de bœufs, de moutons, de
chameaux; morceaux de bois polis; tablettes recou-
vertes de cire; peaux d'animaux râclées, séchées,
coloriées. Ces dernières furent dans l'antiquité une
spécialité de la ville de Pergame, dont le nom survit
dans notre mot de parchemin; le mot de vélin rappelle aussi que le veau fournissait des matériaux de
choix. Pendant ce temps, l'Egypte tirait du papyrus
un tissu végétal si fin et si souple que nous en avons
gardé le mot de papier; et, bien avant l'ère chrétienne, par delà les limites du petit univers connu
des anciens, en Chine, au Japon, dans ces pays qui
ont devancé l'Europe, on savait, soit avec les chiffons provenant d'étoffes de lin ou de coton, soit avec
l'écorce de certains arbres qu'on cultivait exprès,
fabriquer un papier excellent sur lequel on imprimait
déjà des gazettes et des billets servant de monnaie.

Le livre existait dès lors, et son nom rappelle qu'il fut parfois écrit sur cette mince pellicule qui, dans l'arbre, sépare le bois et l'écorce, et que l'on nomme encore *liber*. Mais il avait une forme autre que celle à laquelle nous sommes accoutumés. Les manuscrits étaient des bandes écrites d'un seul côté qui s'entortillaient autour d'une baguette : de là le nom de volume qui signifie rouleau et qui demeure comme un vestige de cet usage périmé.

Pendant le moyen âge, où se modifièrent lentement beaucoup des choses que lui avaient transmises les Grecs et les Romains, les missels, les antiphonaires, les livres du culte se métamorphosèrent. Ils devinrent carrés, composés de feuilles écrites au recto et au verso qui furent cousues ensemble et enserrées entre deux plaques de bois, de cuir ou de métal. On les cuirassait encore de coins et de fermoirs en cuivre, et on plaçait ces gigantesques engins sur des pupitres tournants où l'on avait soin de les enchaîner, et bien en prenait aux lecteurs; ils étaient dangereux à remuer; Pétrarque fut blessé à la jambe par la chute d'un de ces énormes in-folio. On prétendait les soustraire ainsi aux convoitises des voleurs; mais les emprunteurs n'étaient pas moins à craindre. En l'année 1515, à Venise, on constatait que, dans la bibliothèque fondée par le cardinal Bessarion, sur 800 volumes, il en manquait 400 qui avaient été prêtés et non rendus. Aussi ne faut-il pas s'étonner si le roi de France Louis XI, empruntant un livre arabe à la Faculté de médecine de Paris, était obligé de donner en gage de la vaisselle d'argent et, de plus, la caution d'un de ses gentilshommes.

Durant la même époque, se transforment et s'améliorent les instruments dont usaient les écrivains : la plume d'oie se substituait au pinceau, au roseau, au stylet; parmi les encres, la noire avait la préférence; la rouge était réservée aux lettres capitales, aux titres d'ouvrages, aux têtes de chapitre, et ceux qui avaient mission de les colorier et de les historier, les rubriqueurs, comme on les appelait, formaient parmi les écrivains ou copistes une section à part. Il en était de même des enlumineurs qui étaient, comme nous dirions aujourd'hui, les illustrateurs des livres et dont plusieurs furent des dessinateurs et des miniaturistes de grand talent. Des gravures sur bois complétaient la toilette des manuscrits dont beaucoup étaient de véritables œuvres d'art, dignes de figurer dans les bibliothèques royales, impériales et pontificales.

Mais le changement le plus gros de conséquences qui se produisit durant ces siècles de vie lente, ce fut la vulgarisation du papier. Il vint sans doute du fond de l'Asie, colporté par les Arabes qui ont été les grands agents de liaison entre l'Orient et l'Occident. Fait de l'écorce du mûrier d'abord, puis de linge, il se répandit, à la suite des croisades, dans les pays qui bordent la Méditerranée; l'Espagne mauresque fut un de ses centres de fabrication; les plus anciens spécimens européens sont conservés à l'Escurial. En l'année 1221, l'empereur Frédéric II ordonnait aux notaires de faire ou de refaire leurs actes sur parchemin, au lieu de recourir à cette matière trop fragile. Au début du XIVe siècle, on signale déjà en France, à Troyes et à Essonnes, des papeteries en pleine activité [1].

Qu'on n'oublie pas toutefois que tout le travail, sauf dans les moulins à papier mus par la force de l'eau, se faisait à la main. La copie d'un manuscrit occupait plusieurs hommes et souvent pendant plusieurs mois. Encore ne possédait-on, après cela, qu'un exemplaire unique. On sait qu'un ouvrage de droit ecclésiastique intitulé : *Les Canons de Gratien* coûta vingt et un mois de labeur assidu à celui qui le copia; à ce compte, il aurait fallu 5.250 ans pour en faire 3.000 exemplaires [2]. Le prix était en conséquence : on estimait, au taux de l'année 1914, qu'il était en moyenne de 500 à 600 francs, ce qu'il faudrait au moins quadrupler au taux d'aujourd'hui. Le livre était, par conséquent, un luxe de grand seigneur et de prélat.

C'est cela que l'imprimerie allait changer du tout au tout. Il y eut, comme il arrive d'ordinaire, *confluent* d'inventions, rencontre de progrès venant de directions diverses, et non pas saut brusque d'un

---

[1] Le papier, fait avec les fibres de l'agave, existait au Mexique avant l'arrivée des Européens.

[2] Paul MELLOTTÉE : *Histoire économique de l'imprimerie*, p. 469, Paris (Hachette, 1905)

système à un autre, mais lent passage par une série d'états transitoires.

La multiplication du papier de chiffons était une condition pour que l'imprimerie devînt possible. Le perfectionnement de la gravure sur bois en fut une autre. On trouve le nom d'imprimeur usité, par exemple aux Pays-Bas et à Limoges, avant qu'il soit question d'imprimer des livres. C'est que, pour les cartes à jouer, on usait déjà de planchettes gravées dont le dessin s'enlevait en relief et, une fois muni d'encre, se transportait tel quel sur le carton. De même, au-dessous d'images de sainteté, des versets formant une ligne tout entière s'appliquaient d'un seul coup sur le papier. C'est ce qu'on nomme l'imprimerie *tabellaire*, lorsqu'on veut parler latin, ou la *xylographie*, quand on veut parler grec. Il paraît qu'elle existait en Corée plusieurs · siècles avant l'ère chrétienne ; en Europe, elle fut commune dans la première moitié du XVe siècle.

Mais la trouvaille décisive, ce fut de séparer les lettres qui marchaient ainsi de compagnie ; de créer des caractères mobiles, d'abord en bois, puis en métal ; de les aligner suivant les besoins de la phrase et de les enfoncer dans le papier au moyen de la presse, imitée du pressoir à vin, à cidre et à huile. Les anciens Romains avaient déjà imaginé des lettres mobiles dont on se servait pour apprendre à lire aux enfants. Cicéron [1] y fait allusion, quand il

---

[1] *De naturà deorum; lib. II.*

déclare qu'il serait chimérique de vouloir reconstruire un poème en éparpillant au hasard les lettres dont il est composé. Tous les peuples de l'antiquité avaient eu aussi des cachets, des sceaux qui imprimaient dans la cire une signature ou un emblème. Seulement tous ces ingénieux procédés restèrent isolés, sans lien entre eux, précurseurs négligés, sinon inutiles. Une grande invention ressemble à un fleuve qui, simple ruisseau d'abord, se grossit sur la route d'une foule de petits cours d'eau, avant de devenir navigable. Un jour vient pourtant où il roule, puissant et majestueux, portant aisément bateaux, marchandises, voyageurs. Or ce jour est venu pour l'imprimerie au milieu du XVe siècle.

§ 2. — L'Invention de l'Imprimerie

Une grande invention est rarement due à un seul homme, à un mortel privilégié qui serait presque un être divin. Le plus souvent c'est une œuvre collective. Une idée, sur le point de prendre corps, est, pour ainsi dire, dans l'air, parce qu'elle répond à un besoin général. Quantité de chercheurs en sont préoccupés à la fois. Les uns trouvent une chose, les autres une autre. L'invention se fait ainsi de pièces et de morceaux, jusqu'au jour où un homme, plus heureux que ses devanciers, réunit des trouvailles isolées, combine des résultats obtenus par d'autres, achève ce qui était encore à demi formé.

Celui-là est proclamé l'inventeur. A lui la gloire, sinon le profit ! Mais l'historien, qui a le devoir de rendre justice à tous ceux qui ont coopéré à cette œuvre vivante, est bien embarrassé. Il rencontre plusieurs hommes, plusieurs nations qui s'en disputent l'honneur. Il lui faut faire leur part aux ouvriers de la première heure comme à ceux de la onzième, qui ont eu, je ne dis pas le mérite, mais l'avantage de venir les derniers [1].

Quatre pays ont eu la prétention d'avoir, en Europe, donné naissance à l'imprimerie : La France, l'Italie, la Hollande, l'Allemagne.

Les titres de la France seraient une pièce judiciaire trouvée en 1890 par l'abbé Requin, dans les archives notariales d'Avignon. Un orfèvre de Prague, Waldvogel — dans les années 1444-1446 — aurait été l'associé d'un Israléite, en vue de réaliser une écriture artificielle au moyen de lettres taillées en fer et d'engins peu clairement désignés.

L'Italie, par la plume de l'abbé Jacques Bernardi, a revendiqué la priorité en alléguant que, dans la ville de Feltre en Vénétie, Pamphile Castaldi, mort en 1442, se serait servi de caractères mobiles en verre fondus à Murano.

Je dois dire que ni la France ni l'Italie n'ont attaché une grande importance aux écrits qui ont voulu les ériger en mères de l'imprimerie. Plus sérieuse,

---

[1] Voir *Conférence sur l'histoire de l'imprimerie typographique* par M. Paul DELALAIN. (Cercle de la librairie, Paris, 1903).

quoique tardive, fut la revendication hollandaise,
qui fut formulée, en 1558, par Adrien de Jonghe, en
faveur de Laurent Coster de Harlem. Il est certain
qu'il y eut aux Pays-Bas, vers la fin de la première
moitié du XVe siècle, des livres imprimés, au moyen
de caractères de bois déjà employés séparément.

Toutefois le pas définitif semble avoir été fait par
un noble Mayençais, Gutenberg, qui, dès 1439, nous
apparaît, à Strasbourg, engagé dans un procès où
il est question d'une entreprise mystérieuse qui a
nécessité des achats de plomb, de vis, de pressoir,
de poids, de formes, toutes choses relatives à l'art
nouveau alors en voie de création. Il aurait été le
premier à user de caractères mobiles en métal et à
les enfoncer dans le papier au moyen de la presse.
Nous le retrouvons à Mayence, en 1455, en procès
encore, avec son associé, l'orfèvre et banquier Fust,
qui, suivant toute vraisemblance, aurait été son
bailleur de fonds. Il est condamné à rembourser
intérêt et capital ou bien à abandonner son matériel
— et ce matériel reste alors la propriété de Fust et
d'un troisième associé, Pierre Schœffer, natif de
Mayence, mais ancien élève de l'Université de Paris,
devenu copiste en cette ville, puis ouvrier dans l'atelier de Gutenberg et gendre de Fust.

C'est de ce temps-là qu'on peut dater les premiers ouvrages authentiques de la typographie :
en 1454, des lettres d'indulgences du pape Nicolas V,
qui ont été imprimées avec des caractères de fonte ;
en 1455, la Bible de 42 lignes, datée par une mention

manuscrite de l'enlumineur. — Donc les présomptions sont en faveur de Mayence et de Gutenberg, mais en tenant compte des précurseurs dont il a profité, imprimeurs tabellaires, orfèvres de Prague, Bamberg et autres lieux. Les typographes se sont appelés enfants de Gutenberg; la typographie fut désignée sous le nom de l'art allemand, et une lettre, écrite en latin, le 1er janvier 1471, par Guillaume Fichet, professeur en Sorbonne, à son ami et ancien élève Robert Gaguin, prouve qu'à cette époque cette tradition était accréditée en France. La question peut passer pour réglée, sous la réserve qu'une découverte de documents imprévus peut toujours rouvrir le débat.

§ 3. — LA DIFFUSION DE L'IMPRIMERIE

Les premiers livres imprimés ressemblaient le plus qu'ils pouvaient aux manuscrits. Des faits analogues se produisent d'ordinaire lors d'une nouvelle invention. Nous avons vu le gaz et l'électricité se couler à leurs débuts dans le moule des bougies qu'ils remplaçaient comme sources de lumière. Est-ce esprit d'imitation, désir de ne pas dépayser le public ? Ce fut aussi pour les premiers imprimeurs la volonté de faire de bonnes affaires : ils gardaient jalousement secrets leurs procédés et vendaient leurs copies, qu'ils pouvaient multiplier en quelques jours, aussi cher que si elles eussent été faites à la main en l'espace de quelques mois.

Mais vint un moment où le secret devint impossible. Ce fut l'année 1462, date décisive qui marque l'expansion de l'imprimerie. Cette année-là, l'archevêque prince de Nassau assiégea la ville de Mayence, la prit et la laissa piller par ses soldats. Les ouvriers qui travaillaient dans les ateliers de Schœffer et de Gutenberg, s'enfuirent devant l'invasion, essaimèrent dans les pays voisins et colportèrent avec eux l'art encore mystérieux qu'ils avaient pratiqué.

C'est naturellement en Allemagne qu'il se répand tout d'abord. Avant l'année 1500, on compte cinq imprimeries à Mayence, 6 à Ulm, 20 à Augsbourg, 21 à Cologne, 25 à Nuremberg. Les livres ont la place d'honneur à la foire internationale de Francfort-sur-le-Mein. La nouvelle industrie est si bien outillée que c'est un imprimeur de Mayence, Jean Neumeister, qui donne en 1472 la première édition de *La Divine Comédie* et que le premier livre imprimé en français l'est à Cologne, par les soins de l'anglais William Caxton : c'est un in-folio qui contient *L'histoire de Troie la Grant*.

De l'Allemagne, l'imprimerie passe aux contrées qui l'avoisinent. Jusqu'à l'an 1500, on peut citer en Europe plus de 100 imprimeurs, dont plus de moitié sont d'origine allemande.

L'Italie est alors, avec l'Allemagne, le pays qui joue le plus grand rôle intellectuel. De l'une devait venir la Renaissance, résurrection de l'antiquité païenne ; de l'autre, la Réforme, résurrection de l'antiquité chrétienne. Il est donc naturel que l'Italie, où les arts sont en pleine floraison et les esprits en pleine effervescence, soit prompte à naturaliser chez elle une invention qui lui permet de reproduire les chefs-d'œuvre de la littérature ancienne et les textes du droit romain.

C'est dans un couvent de bénédictins, célèbre dans toute la chrétienté, à Subiaco, que, dès 1464, un Allemand et un originaire de Prague introduisent la typographie. Rome suit de près : elle a une imprimerie en 1466, elle en a 20 en 1475; on y publie 926 ouvrages avant la fin du siècle. Milan et Venise viennent ensuite, en 1469; les Alde Manuce, inventeurs des caractères italiques, fonderont une illustre dynastie d'imprimeurs vénitiens; mais ce sont des ouvriers de Spire qui ont été leurs maîtres. Avant 1500, 94 villes italiennes auront leurs ateliers, très actifs et très vivants.

Le second pays où pénètre l'imprimerie est la Pologne. Dès 1466, elle est importée à Cracovie par un Wurtembergeois. La Suisse (Bâle et Munster) est atteinte presque aussitôt. C'est après cela le tour de Vienne (Autriche) et de Paris qui se présentent *ex-æquo* en 1470.

Comment se fait-il que Paris, dont la puissante Université avait alors un personnel et un rayonnement européens, ait adopté si tard l'invention qui se répandait si rapidement ?

Ce ne fut pas la faute des autorités civiles. Au premier bruit de la découverte, le roi Charles VII avait envoyé à Mayence un graveur de la monnaie de Tours, qui se nommait Nicolas Janson et était natif de Sommevoire, en Champagne. Seulement, pour pénétrer dans les ateliers mayençais, il fallait prêter serment sur l'Evangile de ne pas révéler ce qu'on y apprendrait; Janson dut se soumettre à la règle. Le roi vint à mourir sur ces entrefaites. Janson fut-il oublié ou mal accueilli par le nouveau roi Louis XI ? Toujours est-il qu'après la dispersion des apôtres de l'art nouveau, en 1462, c'est en Italie, à Subiaco, à Venise, que nous le retrouvons. Il se peut que l'opposition des copistes et calligraphes, qui formaient une corporation puissante (ils n'étaient pas moins de 6.000), ait retardé l'introduction d'une industrie qui allait tuer la leur.

Cependant, c'est en plein Quartier latin, dans la Sorbonne même, que devait cesser ce retard humiliant pour Paris. En 1470, Heynlin, de Stein (près de Constance), allemand d'origine, dit Jean de la Pierre, ancien recteur et prieur élu de l'Université, et avec lui Guillaume Fichet, professeur de belles-lettres, originaire de Savoie (Petit Bornand), qui avaient tous deux dans leurs bibliothèques des livres imprimés, se décidèrent à faire venir des bords du Rhin des hommes capables d'implanter l'art nouveau sur les bords de la Seine. Ce furent Michel Friburger, de Colmar, ancien étudiant diplômé de l'Université de Bâle, et deux ouvriers, Ulrich Gering et Martin Crantz, venant de Munster, en Suisse. Ces trois hommes furent installés dans l'appartement que Jean de la Pierre occupait à la Sorbonne et ainsi parut en latin le premier ouvrage imprimé en France. Il contenait les *Epîtres de Gasparin de Bergame*, roulant sur la grammaire et l'orthographe.

Ces trois imprimeurs dédièrent leur premier ouvrage à la Ville de Paris; dans la préface, ils saluent en elle la Ville-lumière. « De même que le Soleil répand la lumière, ainsi tu répands le savoir dans le monde, Paris, ville royale, nourrice des Muses. C'est pourquoi reçois, en récompense de tes mérites, cet art d'écrire presque divin que l'Allemagne a inventé... »

De 1470 à 1473, sortirent du même atelier 23 volumes, en latin, dont l'un : *Le miroir de la vie humaine*, fut dédié au roi Louis XI qui avait compris la portée de l'invention nouvelle. Les éditeurs le remerciaient de sa protection et, en 1494, ils obtenaient pour prix de leurs travaux des lettres de naturalisation.

Il paraît avéré que Pierre Schœffer, l'ancien associé de Gutenberg, avait essayé de s'établir libraire à Paris dès l'année 1465, mais qu'il fut obligé de s'enfuir et que ses marchandises furent saisies, accusées, probablement par les copistes, d'être l'œuvre du Malin, vu l'identité incroyable que présentaient ces copies imprimées.

Mais, à partir de 1474, la rue Saint-Jacques se remplit d'établissements d'imprimerie. Citons seulement Gering au Soleil d'Or; César et Stoll à l'enseigne du Chevalier au Cygne; des ouvriers, français cette fois, au Soufflet vert; Pasquier Bonhomet, à l'enseigne de Saint-Christophe, qui édite le premier livre imprimé en français sur territoire français, soit trois gros in-folio qui contiennent *Les Grandes Chroniques de France;* Jean du Pré qui, en 1481, introduit la gravure dans ses livres et oppose l'influence latine à l'influence germanique en faisant venir des ouvriers de Venise. Au livre d'or des imprimeurs parisiens figurent encore Antoine Vérard, Guy Marchand qui est prêtre, Martineau qui prend pour marque la nef symbolique de la Ville de Paris; bientôt Geoffroy Tory, Robert Estienne, etc. Paris rattrape le temps perdu. En trente ans, on y compte plus de soixante imprimeurs, elle a plus d'ateliers typographiques que n'importe quelle autre ville.

La province française suit de près la capitale. Très souvent des ouvriers d'un atelier le quittent pour s'établir à leur propre compte, ailleurs que dans l'endroit où ils ont fait leur apprentissage. Parfois un grand seigneur ou les magistrats d'une ville appellent et subventionnent ces porteurs de flambeau.

Lyon, qui a l'imprimerie trois ans après Paris, devient un grand centre d'activité; elle a jusqu'en 1500 une quarantaine d'établissements, dont les fondateurs viennent d'Allemagne (comme les Gryphe, les Müller, les Reinhardt, les Havenbeck) ou bien du pays wallon, de Picardie, de Nevers.

Toulouse (dès 1476) et les villes universitaires comme Poitiers, Caen, Orléans, etc., entrent en

ligne, et à côté d'elles des villes commerçantes,
comme Troyes, Rouen, Limoges. A Chartres, à Albi,
à Cluny, ce sont les chanoines ou l'abbé qui font
venir des imprimeurs; en Bretagne, c'est un Rohan
qui les installe sur ses terres. En somme, plus de
quarante villes françaises sont dotées d'établissements typographiques avant l'année 1500. Chacune a sa spécialité; chacune rayonne sur les terri-
toires environnants; et l'on est étonné de trouver
près d'Evreux un curé de village qui imprime un
livre de messe pour sa paroisse, ou de rencontrer à
Chablis, dès 1478, un imprimeur, Pierre-le-Rouge,
qui revient d'Italie et crée dans sa ville natale une
entreprise très prospère [1].

---

[1] Nous ne voulons pas suivre l'expansion de l'imprimerie hors de
France; nous donnons seulement les dates de son introduction dans
les principaux pays :

    1471   Hongrie (Buda-Pesth).
    1472   Belgique et Hollande (Alost, Utrecht, Louvain).
    1474   Espagne (Valence).
    1477   Angleterre (Westminster, puis Oxford).
    1482   Danemark (Odensee).
    1483   Suède (Stockolm).
    1489   Portugal (Lisbonne).
    1490   Turquie (Constantinople).
    1493   Russie (Tchernigow).
    1530   Islande (Holum).
    1544   Mexique (Mexico).
    1560   Indes (Goa)
    1590   Chine (Macao).
    1620   Japon.
    1638   Colonies anglaises d'Amérique (Cambridge).
    1644   Norvège (Christiania).

Pour la France, MELLOTTÉE (*op. c.*, p. 453), indique la date où chaque
ville fut atteinte. Consulter aussi les opuscules de CLAUDIN sur l'impri-

§ 4. — LES INCUNABLES

Les livres imprimés jusqu'en l'année 1500 et, suivant quelques auteurs, jusqu'en l'année 1510, sont communément désignés sous le nom d'*incunables* — un nom assez mal formé du mot latin qui signifie : berceau.

On les reconnaît à l'absence ou à la présence de certains traits caractéristiques. Au début, manque de frontispice, manque de date, manque de pagination : celle-ci n'apparaît qu'en 1471, à Cologne. Feuilles signées, non de chiffres, mais des lettres de l'alphabet. Pour relier les pages, répétition, au bas de chacune, du mot qui finit l'une et commence l'autre. Initiales laissées d'abord en blanc, puis historiées à la main, souvent en rouge. En tête de l'ouvrage, le mot *incipit*; à la fin le mot *explicit* (abréviation de *explicitum*, achevé). — Composition compacte; peu ou point d'alinéas; rapprochement excessif des mots, des lettres et des lignes, à l'imitation des manuscrits où l'on ménageait la matière première. Ponctuation réduite à sa plus simple expression; c'est peu à peu qu'on invente la virgule, l'apostrophe, la cédille, les guillemets et qu'on essaie de fixer pour les ouvrages en langue vulgaire

---

merie dans les provinces françaises, et son grand ouvrage. *L'histoire de l'imprimerie en France aux XVe et XVIe siècles.* (Imprimerie Nationale 1900-1905; 3 volumes).

les règles de l'orthographe. Abréviations nombreuses, dont les copistes abusaient pour réduire leur besogne; ainsi une barre au-dessus d'une lettre indique qu'il faut la doubler; une barre à la fin d'un mot remplace une m ou une n, etc. Aucune distinction entre u et v, i et j. — Format, en général, formidable; c'est souvent l'in-folio, divisé en deux colonnes; c'est peu à peu qu'il s'humanise, sans descendre au-dessous de l'in-4º et de l'in-8º.

On peut ajouter qu'on peut encore reconnaître les incunables à ce qu'ils sont imprimés sur parchemin ou bien au filigrane du papier qu'ils emploient, enfin à la forme des caractères; il y a parfois un certain manque de proportions entre les lettres, parfois des différences de dessin pour une même lettre. Puisque nous parlons des caractères, mentionnons la lutte qui eut lieu pendant toute la seconde moitié du xvᵉ siècle entre le gothique, hérissé de pointes, qui venait d'Allemagne, et les caractères romains, complétés bientôt par les caractères italiques [1] dont le nom révèle la provenance, et disons que le premier triompha dans le centre et le nord de l'Europe, les autres dans l'occident et le midi.

Malgré les critiques qu'on peut adresser à ces premières œuvres de l'imprimerie, il faut leur reconnaître d'éminentes qualités. Le souci de la beauté y apparaît uni à celui de la solidité et de la cor-

---

[1] Ils sont introduits à Lyon de très bonne heure.

rection. Les gravures qui sont en tête, les vignettes insérées dans le texte sont disposées avec un art consommé, et ce qui est surtout soigné et varié avec une véritable coquetterie, c'est l'encadrement des pages. L'imprimerie eut la chance de naître en un moment où les arts du dessin avaient un épanouissement prodigieux ; elle en bénéficia ; volutes, rinceaux, arabesques courent et s'entrelacent ; des figures nues, des animaux fantastiques, des médaillons contenant des portraits égaient et parent la bordure. Des tableautins, réminiscences des miniatures qui enjolivaient les manuscrits, représentent des cavaliers lancés au galop, des réceptions princières, des scènes de la vie de tous les jours. On voit dans un missel de l'Eglise de Paris (1481) un chantier où l'on peut remarquer une brouette ; sur des placards affichés à la porte de la cathédrale de Reims et qui annonçaient le Grand Pardon de Notre-Dame, apparaît la Vierge assise sur son trône avec l'Enfant-Jésus, et, comme ornements, figurent sur la même feuille les clefs de saint Pierre surmontées d'une tiare, et l'écu royal aux trois fleurs de lys.

En un mot, les premiers livres imprimés sont illustrés de façon très artistique et il y a déjà, pour les fêtes populaires, des feuilles volantes, gravées et coloriées (genre Epinal), qui donnent l'ordre et la marche des cortèges et jusqu'aux menus des soupers de gala.

Donc ces volumes, vénérables ancêtres de l'imprimerie, sont dignes de respect et souvent d'admiration. Pieusement conservés au nombre de plusieurs milliers, dans des bibliothèques publiques ou privées, ils sont traités en reliques, achetés à des prix énormes, quand ils passent dans les salles de vente, et plusieurs fois, quand l'art typographique traversait une décadence momentanée, ils ont servi de modèles à ceux qui voulaient le restaurer en sa primitive dignité.

Quelle était la nature de ces ouvrages ? C'étaient avant tout des livres de piété, en langue latine, qui était la langue universelle du temps, écrite et parlée par tous les lettrés. En Allemagne, jusqu'en 1500, la Bible fut éditée en latin plus de cent fois. Un livre de théologie de Jean Heynlin, en douze ans (1488-1500) eut vingt éditions. Les œuvres de Jacques Wimpfeling, théologien lui aussi, avaient trente éditions en vingt-cinq ans. L'*Imitation de Jésus-Christ*, reproduite et traduite en différentes langues, comptait cinquante-neuf éditions avant la fin du siècle. Un médecin allemand pouvait écrire de l'imprimerie : « Elle a vraiment illuminé ce siècle, grâce à la miséricorde du Tout-Puissant. Mais c'est surtout la Sainte Epouse de Jésus-Christ, l'Eglise catholique, qui lui est particulièrement obligée. »

En France, nous rencontrons aussi le Missel de l'Eglise de Paris (1481), des livres d'Heures, des Vies des Pères du Désert, des liturgies qui s'impriment à Rouen pour la Bretagne et les pays du Nord, le *Miroir de la Rédemption*, l'*Art de bien mourir* et l'*Art de bien vivre*, des sommes ou manuels de théologie, des guides du confesseur, *l'Ordinaire des Chrétiens*, *la Cité de Dieu* de saint Augustin, etc. On peut joindre à ces livres d'édification ceux qui traitent un sujet fort à la mode en ce temps-là : *La danse macabre* ou danse des Macchabées, danse des morts où chacun s'éclipsait à son tour de la ronde des danseurs.

En Italie, nous voyons sortir d'une seule imprimerie les œuvres de Lactance, de saint Augustin, de saint Jérôme, de saint Cyprien, de saint Thomas d'Aquin, les sermons du pape Léon, la Bible, des Commentaires sur la Bible.

Après ces livres religieux, nous pouvons ranger les livres de classe, les livres d'éducation, tirés peut-être à un plus grand nombre d'exemplaires et publiés également en latin. Ce sont des quantités de grammaires latines de Donat, des manuels de droit canon et de droit civil. On peut les considérer comme des prolongements du moyen âge ; mais on n'était pas en vain à l'époque de la Renaissance, en un temps où l'on professait pour les anciens un véritable culte, où l'on faisait la chasse aux manuscrits grecs ou romains. Il ne faut donc pas s'étonner si les premiers imprimeurs se jetèrent avec frénésie sur les écrits des auteurs classiques. On commença par les latins qui étaient plus faciles à déchiffrer et à imprimer. On continua par les Grecs, qui arrivaient en foule de l'Orient envahi et saccagé par les Ottomans et qui étaient emportés, comme des reliques, comme des trésors, par les Byzantins venant chercher asile en Occident. On finissait par les livres hébreux, qui s'étaient conservés intacts au sein des communautés juives, demeurées vivaces malgré massacres et persécutions.

Virgile est imprimé en 1470, Homère en 1488, Aristote en 1498. Les *Commentaires de César* figurent parmi les premiers livres imprimés en France; puis le droit romain vient opposer ses textes à ceux du droit canon et du droit coutumier. Un exemple donnera une idée de l'adoration qu'inspiraient les anciens ressuscités. En l'année 1500, Erasme, un érudit, mais aussi un écrivain élégant et piquant, s'avisa d'offrir à ses contemporains l'antiquité en raccourci. C'était, sous le titre d'*Adages*, un recueil de proverbes et de pensées empruntés à ces vénérables auteurs d'autrefois. Cela représentait un dépouillement formidable, un travail énorme qui avait exigé un nombre infini de lectures. Le succès fut étourdissant. Son ouvrage, tiré à 1.800 exemplaires (c'était un gros chiffre en ce temps-là), fut vite épuisé, reparut grossi et fut lu avec avidité, avec fureur. Il devint le bréviaire de tous les hommes éclairés. Le savant Guillaume Budé écrivait : « Les *Adages* sont le magasin de Minerve; on y recourt comme aux livres des Sibylles. » Singulière destinée des livres ! Qui lit aujourd'hui celui-là ? Qui s'en souvient ? Est-ce donc qu'alors on s'engoua sans motif valable ? Non pas. Mais l'ouvrage répondait à un besoin du moment. Les hommes d'alors avaient soif d'idées oubliées par les générations précédentes. Ils ne savaient pas encore penser tout seuls. Et voilà que toute la sagesse des anciens leur était rendue en maximes brèves, pénétrantes, fortes de leur propre valeur et de leur ancienneté. L'esprit humain avait perdu ce qu'il avait acquis jadis. C'est avec une joie intense qu'il reconnaissait son bien et ressaisissait son patrimoine. Cela explique le succès d'Erasme et la préférence donnée par les premiers imprimeurs aux œuvres classiques.

Ce n'est pas à dire qu'ils aient négligé les œuvres en langue vulgaire. En Allemagne, nous trouvons des éditions de proverbes allemands. En Italie, Dante passe de bonne heure sous la presse. En France, voici des livres d'histoire : Les *Grandes chroniques de Saint-Denis*, des livres à l'usage des propriétaires campagnards : *Le Livre des profits champestres et ruraux* (1486) et le *Calendrier des Bergers*; puis des romans de chevalerie, des recueils de légendes, des opuscules légers comme *La mer des histoires* (1488), comme le *Décaméron* de Boccace, les *Cent Nouvelles nouvelles* du roi Louis XI, les poésies de Villon, la *Farce de l'Avocat Pathelin*, le petit écrit satirique intitulé : *Les quinze joies du mariage*, etc.

En somme, les premiers livres imprimés se partagent entre deux courants : l'un chrétien, l'autre païen, et les livres de classe participent de l'un et de l'autre. Mais entre les deux en circule un troisième, venant du fond même de la race : livres plaisants, frivoles, populaires, souvent frondeurs et hardis.

On voit quelle diversité représente déjà l'œuvre de ces premiers imprimeurs.

§ 5. — PÉRIODES D'ÉCLAT ET DE DÉCLIN

Comme tout ce qui a une longue durée, l'imprimerie connaît en France des alternatives d'heur et de malheur. On peut placer son âge d'or, de son origine je ne dirai pas à l'an 1500 (car la réalité ne se prête guère à ces coupures arbitraires que fait dans le temps le commencement d'un nouveau siècle), mais à quelques années au delà, vers 1515, au moment où montent sur le trône François Ier, Henri VIII et Charles-Quint, où se met en branle ce grand mouvement religieux et politique que fut la Réforme.

Pendant cette époque, prônée, poussée, servie par les savants et les lettrés, bénie par l'Eglise, protégée par les princes, elle jouit d'une situation privilégiée ; elle enrichit ceux qui s'y adonnent. Ils sont dans d'excellentes conditions pour faire de bonnes affaires. Ils sont exactement dans la position du manufacturier, qui, grâce à une machine nouvelle, peut jeter sur le marché des milliers de produits là où ces produits étaient rares et chers. S'il les vend aux prix qui existaient auparavant, il recueille des bénéfices énormes ; si, à cause de la concurrence qui ne tarde pas, il abaisse ses prix de vente, il gagne sur la quantité des objets vendus ; la marge de ses profits demeure très large.

Les premiers livres imprimés se payèrent au taux des manuscrits, cinquante et soixante écus pièce. Puis une baisse formidable se dessina. On a calculé que les livres de classe, au bout d'un siècle, coûtaient cinq fois moins qu'autrefois. Mais le prix de revient avait, de son côté, tellement diminué, le nombre des clients avait tellement augmenté dans un milieu avide de savoir, que les imprimeurs devinrent de gros personnages.

La division du travail n'était pas encore faite dans leur industrie. Ils étaient en même temps libraires, souvent éditeurs, parfois encore auteurs. Grâce à ce cumul, ils empochaient tout ce que rapportait un ouvrage. Certaines marques de fabrique équivalaient presque à des titres de noblesse. Bibliothécaires et bibliophiles apparaissaient avec les *ex-libris*, comme celui de Grolier qui inscrivait sur ses livres : *Grolieri et amicorum* (A Grolier et à ses amis).

Aussi le XVIe siècle voit-il fleurir de vrais héros de l'imprimerie, travailleurs formidables, érudits passionnés comme ce Robert Estienne (1503-1559), qui écrit indifféremment en français, en latin, en grec, en hébreu, se pique de donner des éditions impeccables, si bien qu'il s'engage à payer un écu à quiconque y découvrira une faute, sacrifie ses yeux, sa santé, sa fortune au dessein qu'il a formé d'éditer un répertoire complet de la langue latine, veut que dans sa maison femmes, enfants, servantes comprennent et parlent la langue de Cicéron, publie des centaines de volumes, conquiert la faveur de

François Ier et une renommée européenne, fonde enfin une dynastie d'artisans prestigieux dont son fils Henri sera le glorieux continuateur.

Mais cette période de splendeur ne dépasse guère le milieu du siècle. L'Eglise et la royauté se réunissent pour brider la verve et l'audace des imprimeurs. Les guerres religieuses énervent et dévastent la France. Aux difficultés politiques s'ajoutent des difficultés économiques : grèves d'ouvriers, cherté du papier, misère générale. Vers la fin du siècle, c'est Genève où les Estienne ont dû se transplanter, c'est Anvers où le Tourangeau Plantin s'est expatrié, c'est Turin où vit le Piémontais Bevilacqua, qui héritent de la prospérité et de la réputation que la France a perdues.

Quand on considère de haut l'histoire des différentes nations d'Europe, on s'aperçoit vite qu'elles ont eu tour à tour leur époque de grandeur, qu'elles ont porté l'une après l'autre le flambeau de la civilisation. Le grand moment de la Hollande vient au début du xviie siècle. Les Hollandais sont alors les rouliers de l'Océan, les banquiers du monde ; ils ont des colonies florissantes et cette ère glorieuse durera jusqu'au moment où la Hollande inonde son territoire pour le sauver des armées de Louis XIV, cesse d'être une République et devient en 1689, par l'avènement de Guillaume d'Orange au trône d'Angleterre, une chaloupe attachée à un vaisseau de ligne, Mais pendant toute cette époque, elle a été animée d'une vie intense ; elle sera un refuge pour les protestants chassés de France, un asile pour la liberté de penser et d'écrire. Il est naturel qu'elle ait eu alors de grands imprimeurs : les Elzévirs, et qu'elle soit restée durant plus d'un siècle, le pays béni de la contrefaçon et des pamphlets.

En France, dans ce XVIIe siècle, qui allait être si glorieux pour sa littérature, mais si écrasant pour les libertés publiques, il n'est pas un seul imprimeur qui approche des Estienne ou des Elzévirs. Qu'est-ce qu'un Cramoisy, l'imprimeur des Jésuites, qui fit une faillite retentissante ; qu'est-ce qu'un libraire comme Barbin à côté de ces noms illustres ? Toutefois c'est alors que naît à Paris l'Imprimerie royale.

Elle voit le jour en 1640. C'était une année heureuse pour les armées françaises : victoires en Italie et prise d'Arras. Sous l'inspiration de Richelieu, qui comprenait l'utilité d'avoir à sa disposition les moyens de répandre les écrits officiels et de faire rayonner la pensée française hors de France, la nouvelle entreprise était installée au Louvre même. On lui donnait un administrateur, un directeur, un correcteur, un inspecteur, des ouvriers venus de Hollande, et, pour fonds de roulement la somme, énorme pour le temps, de 400.000 livres.

Le but de l'institution était double. Elle devait être l'imprimerie du gouvernement ; elle avait le privilège d'éditer et de vendre les publications officielles. Elle devait aussi publier les principaux monuments de la religion et des lettres. Et, en l'espace de dix ans, elle livrait au public près de cent volumes très soignés, qui étaient ou des ouvrages de piété parmi lesquels se trouve un gros in-folio : l'*Instruction du Chrestien*, qui est l'œuvre peu lue du Cardinal, ou des éditions d'auteurs latins, italiens et français. A côté de cette grande imprimerie, Louis XIII avait aussi une petite imprimerie spéciale dans un pavillon du vieux Louvre ; il y faisait imprimer un *Livre d'heures*. Louis XIV enfant tirait de sa propre main quelques exemplaires de la première feuille des mémoires de Comines (1648). Ce fut une amusette où se complurent également le Grand Dauphin, le duc de Bourgogne, plus tard Louis XV, Mme de Pompadour et enfin Louis XVI, qui cumula ainsi le métier d'imprimeur et celui de serrurier. De grands personnages avaient aussi leurs imprimeries particulières et dans le nombre on peut citer le cardinal Duperron, Richelieu, Fouquet.

Mais l'Imprimerie royale eut seule le don d'inquiéter l'industrie privée, qui essaya, dès l'année 1640, d'entraver cette concurrence en faisant monter le prix du papier [1]. Ainsi s'entamait une guerre qui dure encore après trois siècles. Cependant l'institution nouvelle continuait son activité, d'abord sous la direction de la famille Cramoisy, plus tard sous celle de la famille Anisson, qui devait jusqu'à la fin de l'ancien régime se perpétuer dans cette charge devenue, de fait, héréditaire.

---

[1] J. CAILLET. L'*administration en France sous le mihistère du Cardinal de Richelieu*. (Tome II, p. 351). (Paris, Didier, 1861.)

Pendant que l'imprimerie officielle poursuit ainsi son existence régulière, l'autre souffre et dépérit. A la fin du XVIIe siècle et au XVIIIe, elle pâtit des querelles intestines qui déchirent la corporation et elle est entraînée dans la décadence du système corporatif; elle pâtit du régime de compression imposé à la pensée, des censures arbitraires qui frappent les livres. C'est pourquoi bon nombre des ouvrages français qui ont alors le plus de vogue et d'importance s'impriment hors de France, en Hollande, à Genève, à Liège, à Kehl. Le nom de Panckoucke, grand entrepreneur de librairie, est un de ceux qui ont surnagé dans la mémoire de la postérité parmi les imprimeurs parisiens du temps de Voltaire et de Rousseau. Il faut y ajouter la dynastie commençante des Didot qui ont alors pour rival en Italie Bodoni, grand érudit et grand artiste. C'est lui qui disait : « Je ne veux que du magnifique et je ne travaille pas pour le vulgaire des lecteurs. » Grâce aux Didot la France pouvait soutenir la comparaison; mais dans son ensemble le métier avait subi un fléchissement; il avait besoin de plus de liberté pour refleurir.

CHAPITRE II

LA TECHNIQUE

Bien qu'il ne s'agisse pas ici de faire concurrence aux ouvrages spéciaux qui ont pour but de dresser des apprentis imprimeurs, il est indispensable d'indiquer les traits essentiels de la technique usitée pendant trois siècles et demi dans les ateliers typographiques. Disons tout de suite qu'elle demeura durant tout ce temps presque identique à elle-même, qu'elle ne connut guère que des perfectionnements de détail.

Regardons d'abord les matières premières : *caractères, encre, papier.*

§ 1. — LES CARACTÈRES[1]

Ils sont rangés, gravés à l'envers, dans la *casse* et le *cassetin* devant lesquels le compositeur se tient

---

[1] Voir THIBAUDEAU; *La lettre d'imprimerie dans le titre et la page du texte*, (Paris, 4, avenue Reille — 1919-1922) — et Albert MAIRE, *La technique du livre* (Paris H. Paulin et Cie, 1908).

debout ou assis sur un haut tabouret. Est aussi à portée de sa main tout un assortiment de signes, interlignes, espaces, filets, qui sont d'abord en bois, puis en métal, sans compter des accolades, des points, des virgules, des tirets, des guillemets. Tout cela s'est créé petit à petit, et même, au XVIIIe siècle, en Angleterre et puis en France, on a essayé, pour gagner du temps, d'employer certaines lettres accouplées. On a appelé cela : *logotypie*. Mais l'essai a été éphémère.

Ces caractères sont formés d'un alliage de plomb, d'étain, d'antimoine que l'on nomme : *régule;* le plomb domine ; on tente sans succès de le remplacer. Ils appartiennent à des types différents. Le gothique, qui s'est maintenu assez longtemps à Lyon, disparaît de France dans les premières années du XVIe siècle ; et l'on n'y a plus affaire qu'à des variétés des caractères *romains,* dont les italiques ne sont qu'une forme cursive.

Avoir des caractères irréprochables et en grand nombre est d'une importance considérable. Ils coûtent fort cher à établir, surtout pour des langues étrangères qui ont un alphabet particulier. Le roi, distributeur des fonds d'État, intervient souvent pour aider à leur fabrication. C'est ainsi que François Ier, ayant donné le titre d'imprimeur du roi pour le grec à Néobar, titre dont hérita Robert Estienne en y ajoutant celui d'imprimeur du roi pour le latin et l'hébreu, des caractères spéciaux furent, en son nom et à ses frais, fondus en 1540 par

Claude Garamond. Ils furent connus sous le nom de caractères de l'Université et eurent une histoire assez accidentée. Ils furent en partie emportés à Genève par Robert Estienne, lorsqu'il s'exila; plus tard ils furent engagés à la Seigneurerie de la Ville pour garantir le paiement de certaines dettes; puis ils furent rachetés par un membre de la famille Estienne et réintégrés à Paris en 1619. Ils se distinguent par des pleins renforcés et des déliés grêles. Ils ont été naturellement utilisés par l'Imprimerie royale; et, transportés en Hollande par Jacques de Sanlecque, ils sont devenus, avec de légères modifications, les caractères elzéviriens.

Le matériel royal allait s'enrichissant de génération en génération. En 1615, un gentilhomme français, Savary de Brèves, qui avait été ambassadeur de France en Orient, faisait venir de Rome des caractères arabes, dont on se servit pour imprimer le traité qui a été conclu entre Henri IV et le sultan Achmet. Ils appartenaient à Savary. A sa mort, en 1627, sur l'ordre secret de Richelieu, ils étaient achetés par un prête-nom pour la somme de 4.300 livres et revenaient à l'État, qui défendit, sous les peines les plus sévères, de les faire passer à l'étranger.

En 1632, Vitré[1], qui avait fait l'achat, était chargé de faire graver aux frais du roi des caractères arméniens et éthiopiens. Ces derniers ne furent pas exécu-

---

[1] Syndic des imprimeurs.

tés. Mais les autres, fondus sous la direction de Sanlecque, le meilleur fondeur de l'époque, servirent à imprimer la Bible polyglotte à laquelle le Président Le Jay donna son nom et consacra plus de 100.000 écus (1623-1645). Après quoi, ils eurent une singulière fortune. Vitré, qui avait avancé les fonds pour l'achat et la fonte, eut toutes les peines du monde à se faire rembourser. Le clergé finit par prendre à son compte une partie de la somme. Quant aux poinçons, déposés les uns à la Bibliothèque du roi, les autres à la Cour des Comptes, ils y sommeillèrent un demi-siècle dans des boîtes garnies de velours. On les oublia; on les crut perdus et c'est seulement en 1692 que, retrouvés et retirés, ils passèrent à l'Imprimerie royale.

Cette même année, elle reçut l'ordre de fondre de nouveaux types. On s'adressa à l'Académie des Sciences qui délégua l'un de ses membres, Jaugeon, pour étudier la question. Il voulut la résoudre de façon scientifique. Ainsi, pour établir le modèle d'une lettre capitale, il divisait un carré en 64 parties et chacune de ces parties en 36 autres. Le plein des lettres était proportionné mathématiquement, de façon que, si le fût de l'i avait deux millimètres, les boucles des lettres a, c, d, etc., devaient avoir aussi deux millimètres dans leur plus grande largeur. Son plan, très compliqué, dormit à son tour dans les cartons administratifs. Cependant le graveur Grandjean, avec Alexandre et Luce, le réalisa en le modifiant légèrement. Il créa vingt et un corps dont l'ensemble porte le nom de *types de Louis XIV*. Ce *romain du roi*, comme on l'appelle aussi quelquefois, resta le monopole de l'Imprimerie royale. Il était défendu aux autres imprimeurs de le copier. Il est reconnaissable à ce que la lettre l est barrée dans sa partie médiane et que les caractères ont en bas des empattements qui dépassent à droite et à gauche (A).

Il va de soi que les divers imprimeurs avaient le droit de fondre des caractères leur appartenant et ayant une physionomie propre. Fournier et les Didot usèrent de cette faculté au xviiie siècle : mais ils ne s'écartaient guère des types consacrés.

Toutefois il y avait une certaine confusion, parce que la hauteur des caractères variait d'un imprimeur à l'autre. Faute de mieux, on les désignait par des sobriquets, qui provenaient ou de leur apparence esthétique ou d'un ouvrage renommé pour lequel ils avaient été employés. Plusieurs tentatives furent faites pour remédier à ce chaos, pour *standardiser*, comme on dirait de nos jours, ce qui était jusqu'alors laissé à l'arbitraire. Fertel (1723), Fournier (1737), conçurent une échelle divisée en un certain nombre de points. Didot, en 1755, paracheva la réforme en mettant le point en rapport avec les mesures légales de ce temps-là qui étaient le pied du roi, le pouce, la ligne. Le point devenait 1 / 6 de ligne ; et 288 points étaient prévus. Le *typomètre* ainsi établi fit son chemin et il est encore en vigueur, quoique nos mesures de longueur aient changé et

que l'Italie, surtout l'Angleterre et les Etats-Unis,
aient gardé un étalon quelque peu différent[1].

Reste à dire comment on taillait et fondait les
caractères. Au début, les lettres étaient gravées en
creux dans du bois dur ou dans un métal et l'on
coulait du plomb dans cette matrice. Mais bientôt,
par un procédé plus expéditif, ce furent des poinçons en fer, puis en acier, qui s'imprimèrent dans une
matrice en cuivre. L'alliage en fusion pénétrait,
venant d'un creuset, dans les parois métalliques de
ce qu'on appelait la forme — et l'on obtenait de
la sorte environ 500 caractères à l'heure. C'est de
cette façon qu'opérèrent Garamond, Le Bé au
xvie siècle, Cot et Fertel au xviiie. Quant aux
poinçons, cuits, recuits, trempés, ils étaient un à un
taillés, retaillés, corrigés au burin. C'était un travail
aussi long que délicat.

---

[1] *Echelle des caractères :*

Diamant	3 points	Gros texte 14–15–16.
Perle.........	4 —	Gros romain 18.
Parisienne.....	5 —	Parangon. 20-22.
Nonpareille....	6 —	Palestine 24.
Mignonne	7 —	Petit Canon 26.
Petit texte....	7 1/2 —	Trismégiste 36.
Gaillarde	8 —	Gros Canon 40-48.
Petit romain..	9 —	Double-Canon 56.
Philosophie....	10 —	Double Trismégiste 72.
Cicéro.........	11 —	Triple canon 88.
Saint-Augustin 12–13 —		Grosse nonpareille 96.
		Moyenne Fonte 100.

Le point vaut 0 millimètre 35.

L'Encre

Chaque imprimeur fabriquait la sienne. Une grande marmite, placée dans un trou, était remplie d'huile de lin ou d'huile de noix qu'on chauffait jusqu'à ce qu'elle flambât. Une croûte de pain qu'on jetait dans la marmite indiquait, dès qu'elle était réduite à l'état de charbon, que la cuisson était suffisante. On obtenait ainsi un vernis gluant, qui aujourd'hui, après trois siècles, n'est pas toujours sec; puis avec de la résine, du goudron ou simplement avec une lampe, on récoltait du noir de fumée. Vernis et noir de fumée étaient malaxés dans l'encrier à l'aide du *broyon*.

Le Papier

L'industrie, à demi mécanique, puisqu'elle utilisait l'énergie fournie par des moulins à eau, était depuis longtemps établie là où courait quelque rivière limpide; à Essonnes près Paris, à Troyes, à Angoulême et dans ses environs, à Thiers, en Auvergne et au Puy-en-Velay, à Castres, à Mazamet, à Annonay. Au xviiie siècle, on ne comptera pas moins de 26 fabriques de papier dans le Dauphiné.

La difficulté était de se procurer la matière première qui consistait presque exclusivement en chiffons. On les recueillait, et défense était faite de les laisser sortir, non seulement du royaume, mais de la province où ils avaient été recueillis. Le privilège d'en faire commerce était réservé à certaines villes de l'intérieur; car, par crainte de la contrebande, il était interdit de les entreposer près des ports de mer d'où il était facile de les exporter. Au XVIIIe siècle, on fit de grands efforts pour encourager cette fabrication. Elle fut mise directement sous le contrôle des intendants. Les Etats de Bourgogne firent construire une papeterie qui leur appartenait. Des sociétés se fondèrent pour restaurer celles qui existaient jadis dans l'Angoumois. Des nobles s'y intéressèrent : ainsi un premier président du Parlement de Flandre, ainsi un seigneur de Tétignac en Béarn. Les frères Montgolfier, inventeurs des aérostats, arrivèrent alors à une grande notoriété comme papetiers.

Or, dans ces fabriques, le travail se faisait à la main. Les chiffons étaient d'abord triés, nettoyés; puis mouillés, ils entraient en fermentation dans une cuve qui fut souvent un tronc d'arbre creusé; des maillets garnis de pointes et de lames les déchiquetaient, les effilochaient. Ils formaient bientôt une pâte assez fluide qu'on purifiait et décolorait[1]. Dans le baquet, où trempait cette pâte, on plongeait ce qu'on nommait la forme : un cadre métallique, où des fils de laiton tendus faisaient une espèce

---

[1] Voir Eugéne CAMPREDON : *Le papier* (Préface de Paul Pic. Paris, Guillaumin et Cie, in-8°, 1901).

de toile, sur laquelle des dessins en relief représentaient un animal ou composaient une légende; la pâte qui s'y déposait avait une épaisseur uniforme, sauf aux endroits où s'étendaient ces dessins; le papier, qui était d'une épaisseur moindre à ces endroits-là, laissait voir par transparence ce qu'on appelait le filigrane, c'est-à-dire les mots ou les signes tracés sur la toile.

La forme était égouttée sur un feutre; les feuilles ainsi obtenues étaient chargées de résine, pressées, séchées sur un étendoir, puis collées avec de la gélatine, pressées et séchées de nouveau. On pouvait fabriquer de la sorte de 3.500 à 4.500 feuilles par jour [1].

Les procédés ne varièrent presque pas jusque vers la fin du xviiie siècle; mais alors les frères Montgolfier firent venir en France du pays d'Europe où la papeterie était la plus développée, la Hollande, des machines qu'on y avait inventées et des ouvriers chargés d'en enseigner le mouvement. Ces *cylindres hollandais*, assez mal vus des ouvriers dont ils dérangeaient les habitudes, préludaient à l'invasion de la mécanique qui ne devait plus tarder dans ce domaine [2].

---

[1] Les papeteries de l'Angoumois, qui étaient en 1683 plus de 250, tombèrent, après la révocation de l'Edit de Nantes, à 50 en 1688, à 12 en 1697. La plupart des bailleurs de fonds, qui les exploitaient au profit des propriétaires qui étaient des nobles, des prêtres, des congrégations, étaient Anglais ou Hollandais. Il y eut une renaissance au siècle suivant.

[2] Voir dans MELLOTTÉE *(op. cit.)*, p. 447, les différentes sortes des papiers faits à la forme et leurs prix.

§ 2. — Composition et Impression

La mécanique avait déjà sa place dans l'imprimerie, mais non dans la composition qui se faisait à la main et n'utilisait que des outils rudimentaires : le *composteur* en bois, puis en métal, où les lettres étaient alignées, la *molette* pour pincer et enlever les caractères fautifs des mots qu'il fallait corriger. Des signes conventionnels indiquaient les corrections à opérer. Des règles peu à peu s'établissaient : pas d'apostrophe à la fin d'une ligne, pas de ligne avec deux mots seulement. Des spécialités se dessinaient : tel ouvrier avait le département des initiales et des titres ; tel autre celui des tableaux ou des index ; le metteur en pages avait la tâche délicate de placer les vignettes au bon endroit. Progrès lents, presque insensibles. Seule fait exception l'invention du *clichage* ou de la *stéréotypie*. Pour préparer une réimpression, pour éviter l'usure des caractères dans un gros tirage, on s'avisa de faire un bloc solide de la composition. On y parvint en prenant l'empreinte de cette composition soit à sec, soit par voie humide, et en y coulant ensuite du métal en fusion. Le procédé fut trouvé en Hollande dans l'année 1714. Il fut introduit en France par Valleyre en 1753 et utilisé par Didot pour la publication d'une table de logarithmes.

L'impression, elle, est mécanique dès l'origine ;

mais l'engin est des plus simples. Il nous apparaît supporté et encadré par deux solides soutiens, fixés aux murs ou au plafond, et se compose de deux éléments essentiels : l'un qui presse, l'autre qui est pressé.

Pour opérer la pression, une spirale en bois qui monte ou descend mue par un levier. Le *pressier* a pour fonctions de tirer le barreau qui déclanche ce mouvement et abaisse un plateau qui est fixé à la vis.

Pour subir la pression, un autre plateau mobile, qui court dans deux glissières parallèles au moyen d'une manivelle, et qu'on appelle le tympan, va recevoir la composition. Pour cela l'ouvrier le tire à soi, place dessus la forme où sont rangés les caractères, les égalise au moyen du *taquoir*, les encre au moyen de *balles*, qui sont des poires en bois remplies de laine et revêtues de cuir, puis les recouvre de la feuille de papier dûment préparée et humectée qui doit recevoir l'impression. Après quoi il repousse le tympan sous la presse qui fait son office. Il le ramène ensuite; il a une première épreuve où se rencontrent des défauts; il la corrige en renforçant ou en atténuant certains traits; c'est l'opération qu'on appelle la *mise en train*. Une fois qu'elle est terminée, il réitère l'envoi sous la presse, retire la nouvelle feuille et le tirage des exemplaires peut commencer, après une correction d'autre nature qui porte sur le texte imprimé et ne dépend plus de l'ouvrier manuel.

La presse à main, que nous venons de décrire sommairement, n'a reçu que de légers perfectionnements dans les trois siècles qui suivent son invention. Ils consistèrent à faciliter le jeu de certains organes, à remplacer dans certains autres le bois par du métal. Ce fut à peu près tout, bien que Didot et Benjamin Franklin figurent parmi les perfectionneurs. On pouvait noter un arrêt du progrès dans le rendement de la machine. Au début, on pouvait tirer 20 feuilles à l'heure, 300 par jour. Dès 1571, ce chiffre était décuplé : 200 feuilles à l'heure, 3.500 par jour. En 1750, on n'était pas beaucoup plus avancé; on était arrivé à 250 feuilles à l'heure. C'était une production qui allait se révéler insuffisante, incapable de répondre aux besoins grandissants.

§. 3. — LA GRAVURE

La gravure est si intimement liée à l'imprimerie, qu'il est nécessaire d'en dire quelques mots. Pendant toute l'époque que nous traversons, elle ne se présente que sous deux aspects : gravure en relief, gravure en creux. La première, qui contribua si fort à la naissance de l'imprimerie, se fait sur bois, en taille douce; c'est celle qui sert à Holbein pour illustrer les ouvrages d'Erasme. L'autre, qui emploie le burin et l'eau forte, qui travaille sur le cuivre ou l'acier, est celle que pratiquent Albert Durer,

Rembrandt, Guido Reni, Van Dick, Callot. Comme son procédé est exactement le contraire de celui de la typographie, elle n'entre dans l'illustration des livres que par des planches tirées à part. Toutes deux d'ailleurs rivalisent d'activité et multiplient les chefs-d'œuvre.

§ 4. — LE BROCHAGE ET LA RELIURE

Le livre sorti de presse, paré d'estampes, n'est pas encore en état de prendre son vol par le monde. Il faut l'habiller. Si on le revêt seulement d'une feuille de papier qui porte le nom de l'auteur, le titre et la date de l'ouvrage, on dit qu'il est simplement broché. Le brochage, qui consiste à coudre ses feuillets au moyen d'une pointe ou broche, est une opération indispensable, si l'on ne veut pas qu'il se disperse à tous les vents ; elle a le plus souvent été accomplie par des femmes et n'offre guère que des variétés de pliage et de couture.

La reliure est plus ancienne que l'imprimerie. Elle a existé du jour où le manuscrit carré (codex) a remplacé le manuscrit roulé (volumen) qui se conservait dans un étui. On enferma les feuilles mises les unes au-dessus des autres entre deux planches qu'on assujettit au moyen de courroies et de fermoirs. On renforça par des plaques de métal les coins de ces planches ; on rendit l'ensemble mobile à l'aide de charnières. Quant on eut obtenu de la sorte la solidité, on songea à la somptuosité. Les planches se recouvrirent de cuir ou de velours; elles se tranformèrent en ivoires admirablement sculptés; elles s'enrichirent de cabochons multi-colores.

Les imprimés bénéficièrent des procédés employés pour les manuscrits. La transition fut quasi insensible. Les reliures des incunables sentent encore le moyen âge: elles sont dites monastiques ou gothiques; elles comprennent souvent, dans les comparti-ments qui divisent le plat du volume, des armoiries, des médaillons, des personnages, des scènes entières. Puis peu à peu elles se simplifient, deviennent plus sobres. Elles suivent l'évolution du goût public; elles passent par des styles qui correspondent à ceux qui dominent tour à tour dans l'ameublement; le costume, les arts, la littérature.

Le style Renaissance, appelé aussi Henri II, venu en grande partie d'Italie, se caractérise par des hachures dites azurées, par des semis de points d'or, par des arabesques et des fleurons dont par-fois les contours seuls sont indiqués; c'est ce qu'on peut voir sur les livres du trésorier de France, Grolier, un des plus célèbres bibliophiles de l'époque [1]. Mais déjà le psautier de Henri III, avec sa décoration funéraire, larmes sur fond brun, tête de mort et tibias en croix, squelette tenant une

---

[1] Voir Albert MAIRE. *La Technique du livre* (Paris, Henry Paulin et Cⁱᵉ, in-8°, 1908).

faux et un sablier, cercueil et pelle de fossoyeur, reflète le mysticisme maladif du prince qui prendra part à des processions de flagellants.

Plus tard, parmi les jansénistes, la reliure devient sombre et austère; tandis que, dans l'entourage de Louis XIV, elle use abondamment de la dorure et vise à la magnificence. C'est le temps où, avec les relieurs Eve, Le Gascon, Duseuil, fleurissent les fers à la fanfare, au filigrane, aux mille points, à l'éventail, à tortillons, etc. Vienne le XVIIIe siècle, siècle du joli, du coquet, du gracieux, de l'élégance raffinée, alors triomphent les mosaïques, les fleurs, les oiseaux, les bergeries, comme on peut s'en assurer dans les œuvres de la famille Padeloup, qui ne fournit pas moins de treize artistes de ce nom, ou bien ce sont des coquilles qui servent d'ornements, ainsi que le montrent les travaux des quatorze Derome qui pratiquent et illustrent le métier.

Il va de soi que la reliure de luxe n'est faite que pour les grands seigneurs et les riches amateurs. Jusqu'au milieu du XVIIIe siècle, il est d'usage qu'un auteur ne peut offrir un de ses livres, sans qu'il soit superbement relié. Mais c'est aussi vers ce temps-là que naît et se répand la reliure dite rustique, c'est-à-dire en toile ou en simple carton gris. On l'appelle parfois demi-reliure ou reliure à la Bradel, du nom de l'artisan qui introduisit en France ce procédé meilleur marché, venant, dit-on, d'Allemagne.

Pendant ces trois siècles et demi, la variété des

matières employées est extrême : peau de mouton
ou basane, peau de veau ou vélin, peau de chèvre
qui donne le maroquin et le cuir de Russie, peau
de cheval ou d'onagre qui devient peau de chagrin,
peau de truie, de rat, de crocodile, voire peau
humaine ont été mises à profit ; et aux parchemins,
aux papiers parcheminés, il faut ajouter la soie, le
velours, la peluche, l'ivoire, l'écaille, la nacre.
Tout cela fut l'objet d'un commerce intense et de
préparations savantes.

Mais l'outillage ne varia guère dans l'atelier du
relieur : pierre et marteau à battre les livres, cousoir
au métier, étau à endosser les volumes, presse pour
les serrer et les rogner, grattoirs, paroirs (pour amincir
les peaux) composaient à peu près tout le matériel.
Joignez-y des brosses, des palettes, des grilles pour
marbrer, raciner, jasper la feuille de garde, des
cordes et des colles, des frottoirs et brunissoirs
pour étaler la dorure sur tranche, et surtout des
fers et petits fers, instruments de cuivre gravés en
relief et montés sur des manches de bois, qui opèrent
à chaud et tantôt gaufrent ou dorent la surface du
livre, en y imprimant des dessins plus ou moins
agréables à l'œil. L'art d'utiliser les fers, qui sont
de modèles très différents, compte pour beaucoup
dans le talent du relieur.

CHAPITRE III

L'ÉVOLUTION DU MÉTIER

§ I. — Le métier libre jusqu'en 1618.
Premières grèves

L'imprimerie naissait différente de la plupart des industries qui existaient alors. Elle naissait mécanique et capitaliste : *mécanique*, puisqu'elle avait besoin d'engins suppléant à la force musculaire humaine, la presse et le fourneau pour fondre les caractères, puisqu'elle fabriquait, en série, des produits multipliés à volonté et identiques à eux-mêmes, puisqu'elle avait besoin pour cela d'ateliers assez grands et d'un bon nombre de travailleurs ; *capitaliste*, parce que la plus modeste installation exigeait une somme assez forte, ce qui interdisait à la majorité des ouvriers l'espérance de devenir patrons et séparait nettement les deux facteurs du travail.

Toutefois, comme il arrive toujours, l'industrie nouvelle, malgré ses caractères particuliers, se coulait en partie dans le moule des industries plus anciennes. Ainsi son personnel, suivant la coutume du moyen âge, se divisait en maîtres, compagnons et apprentis.

Parlons d'abord des *Maîtres*. Entrons chez un imprimeur des premiers temps. La maison se distingue par une enseigne : les lapins, le soufflet vert, la doloire d'or, etc. Le nom de l'imprimeur s'étale en toutes lettres au-dessus de la porte d'entrée. A l'extérieur, le public peut voir la liste des ouvrages édités, leur prix, parfois les épreuves de l'ouvrage encore sous presse qui promettent une récompense à quiconque y découvrira une faute. A l'intérieur, s'ouvre la salle de vente où les livres sont rangés, où sont admis les acheteurs. Car il n'y a pas encore division du travail : l'imprimeur est fréquemment libraire, éditeur, parfois même auteur. De la boutique on pénètre dans l'atelier proprement dit. Il comprend au moins deux compartiments : l'un, où se trouve la presse entourée des pressiers et des compositeurs, avec un pupitre devant lequel siège le correcteur qui est souvent un savant connu; l'antre, contenant la fonderie et, tout à fait au début, des découpeurs d'images saintes avec des enlumineurs qui les colorient. Le maître a son bureau qui communique avec la boutique et avec l'atelier et d'où il peut tout surveiller.

Comment devient-on maître imprimeur? Pas de formalité, pas d'examen tout d'abord. Le métier

est libre — y est maître qui veut —, dit François Ier.
Il suffit d'avoir de l'argent et du savoir. Les premiers
imprimeurs sont pourvus de l'un et de l'autre ; ils
deviennent aisément de gros personnages, patronnés
par les princes, par les villes, par le clergé, et traitant d'égal à égal avec les poètes et les lettrés.
En France, les rois reconnaissent que leur profession n'est pas « méchanique ». Seulement il
faut bien s'entendre sur le sens de ce mot, qui
étonne, étant donné ce que nous avons dit plus
haut. On appelait alors « gent méchanique »
l'ensemble des ouvriers manuels. Or on mettait
en dehors les imprimeurs, parce que leur profession
paraissait plus intellectuelle, plus cérébrale que
les autres ; on les traitait comme les savants et les
nobles. Ils avaient droit de porter l'épée et la dague ;
et, comme ils n'étaient pas encore constitués en corporation régulière, ils n'étaient soumis qu'aux
Universités, dont les copistes et les libraires dépen-
daient depuis longtemps, et, cela va de soi, des
règles et prescriptions du pouvoir civil, représenté
par le Roi, le Parlement et les autorités municipales.

De ce que les maîtres avaient ainsi une grande
liberté corporative, il ne faudrait pas inférer qu'ils
fussent isolés. Ils faisaient partie de la Confrérie de
Saint-Jean, qui était antérieure à l'imprimerie et
comprenait scribes, enlumineurs, relieurs et libraires.
Fondée à Paris en 1401, elle avait sa chapelle
spéciale en l'église de Saint-André-des-Arcs et
célébrait par an deux fêtes, l'une le 6 mai, l'autre le

27 décembre, qui étaient des occasions de banquets copieux. La cotisation annuelle, qui était de 12 deniers parisis et qui fut portée à 16 en 1467 (un peu moindre pour compagnons et apprentis), avait un triple objet : religieux, charitable et gastronomique ; elle servait non seulement à festoyer, mais à procurer des funérailles décentes à ses membres et des secours à ceux qui pouvaient être tombés dans la misère. La confrérie servait aussi à établir une entente patronale ; c'est ainsi qu'il était défendu de débaucher les ouvriers d'un confrère en leur offrant un salaire supérieur. Les maîtres sont ceux dont les noms nous sont parvenus, ceux aussi qui, pour leur malheur, étaient responsables par devant les autorités civiles et religieuses.

Au-dessous des maîtres venaient les *compagnons*. Au début, les ouvriers, qui détenaient les secrets du nouveau métier, purent aisément s'établir à leur compte. Mais bientôt il se forma un corps de compagnons, composé ou de maîtres en expectative qui devaient attendre trois ans pour être reçus, ou d'ouvriers renonçant à la maîtrise faute d'argent, ou encore d'anciens maîtres ruinés pour une cause ou pour une autre et rétrogradés.

On connaît l'argot de ces compagnons. Le patron s'appelle le *bourgeois* ; le compositeur, le *singe*, à cause de sa gesticulation perpétuelle ; le pressier, l'*ours*. Fiers de leur profession (ils touchent des salaires plus élevés que les autres ouvriers et sont en général plus instruits), ils portent l'épée, la dague,

ou, à défaut, de solides gourdins, des « bâtons inva-
sibles », comme dit le jargon judiciaire ; ils passent
pour être tous bons buveurs et mauvaises têtes.

La durée de leur journée est de 13 ou de 14 heures
au moins. Mais, par an, le nombre des journées
ouvrables ne dépasse guère 250. Sans compter les
dimanches et les jours fériés qui sont nombreux,
ils chôment pour les funérailles d'un maître ou d'un
camarade ; et de plus, ils veulent avoir leur après-
midi, la veille des fêtes carillonnées.

Ces compagnons, pour la besogne à faire, sont
organisés en équipes dénommées « chapelles ».
L'avantage du système est que le travail est mieux
fait et plus vite par des ouvriers accoutumés à travailler ensemble ; mais, en revanche, le travail est
arrêté ou tout au moins fort ralenti, quand un des
membres de l'équipe vient à manquer.

Leur salaire, suivant la coutume du temps, leur
est payé moitié en argent, moitié en nature. Le
maître s'engage à les nourrir et les repas se prennent
à l'atelier. Mais c'est une source de plaintes sans
fin. La pitance est très maigre à leur avis, et toujours
suffisante au dire des maîtres, qui usent du droit de
renvoyer les récalcitrants sans délai et sans indemnité. Aussi la séparation de fait, qui existe entre
patrons et ouvriers, va-t-elle s'aggravant.

Dès le commencement du xvie siècle, la confrérie
nous apparaît coupée en deux. Pourquoi ? Parce
que les ouvriers qui continuent à payer leur cotisation, retenue parfois sur leur salaire, trouvent

mauvais que les maîtres aient seuls la gestion de
la caisse commune et se réservent les bénéfices de
l'association : les secours destinés aux malheureux
et aux malades ne s'égarent presque jamais, disent-
ils, sur les compagnons. Aussi ceux de Paris fondent-
ils une confrérie spéciale, qui siège à Saint-Jean
de Latran, une église et un enclos appartenant
aux chevaliers de Saint-Jean (lesquels eurent pour
centre tour à tour Jérusalem, l'île de Rhodes et
l'île de Malte). Le Paris de ce temps-là était divisé
en une foule de compartiments ayant les juridic-
tures les plus diverses. Dans l'enclos Saint-Jean,
l'autorité était exercée uniquement par le Com-
mandeur des Chevaliers. C'est peut-être la raison
pour laquelle les compagnons l'avaient choisi pour
siège social. Ils avaient chance d'échapper ainsi
à l'Université, reine du quartier latin, où les imprimeurs étaient confinés.

Leur confrérie, comme toutes les autres, avait un
but religieux et charitable. Des messes et des pains
bénits étaient offerts à l'Eglise, des secours assurés
aux vieux ouvriers réduits à la misère. Elle avait
aussi, comme on dirait de nos jours, un but syn-
dicaliste. C'est là que les compagnons se concer-
taient contre les maîtres. Ils se liaient par des serments solennels, s'engageaient à ne travailler qu'à
certaines conditions. Ils se donnaient des chefs,
élisaient des capitaines, des lieutenants, et, bien
armés, promenaient par la ville leurs bannières !
C'est ce que les documents du temps appellent

« conspirer et monopoler. » Une de leur aspirations était d'exclure les ouvriers forains, ceux qui venaient de l'étranger ou simplement d'une ville voisine.

L'autorité royale s'émut de cette lutte de classes commençante. Au nom de l'ordre, d'accord avec la bourgeoisie et le clergé qui voyait avec inquiétude des confréries pieuses dégénérer en associations ouvrières combatives, elle résolut de les interdire. En 1498, en 1500, en 1533, elle défend d'en former de nouvelles; en 1539, par François Ier défense aux ouvriers imprimeurs de s'assembler plus de cinq, « sans congé d'autorité de justice, sous peine d'être emprisonnés, bannis et punis comme monopoleurs. » Les confréries, à bourse commune, sont interdites du même coup [1]. Un peu plus tard, cette interdiction est étendue à tout le royaume et à tous les métiers, et, pour tenir la balance égale, du moins en apparence, les confréries, assemblées et congrégations de maîtres sont condamnées à disparaître comme celles des ouvriers. L'ordonnance est confirmée, renforcée par l'édit « perpétuel et irrévocable » de Gaillon en 1571, renouvellement qui prouve qu'elle était mal obéie. Et en effet l'association de compagnons, le compagnonnage plus ou moins secret, avait la vie dure, puisqu'il s'est prolongé jusqu'à nos jours. Quant aux maîtres, ils souffraient fort peu de l'interdiction; ils avaient mille occasions de se

---

[1] Ordonnance de Villers-Cotterets (31 août 1539).

rencontrer et de s'entendre; et ils bénéficiaient non seulement des ménagements qu'on avait pour eux en haut lieu, mais de leurs relations amicales avec les autorités municipales à l'élection desquelles ils participaient.

Au-dessous des compagnons étaient les *apprentis.* Théoriquement, c'étaient des enfants ou des adolescents que leurs parents confiaient aux maîtres pour leur enseigner le métier. Par un contrat, qui était plus souvent verbal qu'écrit, le maître s'engageait à les nourrir et à les vêtir, à les bien traiter, à les bien instruire. Les parents, de leur côté, promettaient de réprimer toute escapade et incartade de leur fils et souvent de payer une certaine somme pour les leçons qu'il devait recevoir. L'usage général était que l'apprenti remplît son office trois ans ou deux ans au moins avant de devenir compagnon.

Ce système, qui pouvait convenir à l'artisanat où le maître avait avec lui trois ou quatre ouvriers et où il pouvait par conséquent s'occuper d'instruire l'apprenti, ne se prêtait guère à une industrie plus développée employant un personnel plus considérable. Le maître ne se souciait plus d'enseigner; il avait besoin de manœuvres et ne voulait pas les payer trop cher. Il était tout naturellement entraîné à réduire ses apprentis à ce rôle sacrifié et secondaire. Il était enclin à prendre, pour compléter sa main-d'œuvre, les premiers venus, Français ou étrangers, fussent-ils fort ignorants. Cela est si vrai qu'en

1571 il faudra un édit spécifiant que les apprentis imprimeurs doivent savoir lire et écrire. De plus leur nombre n'était plus limité que par le besoin qu'avait le maître d'avoir de petits travailleurs au rabais.

Recrutés ainsi au petit bonheur, les apprentis furent les souffre-douleur, à la fois, mais pour des raisons différentes, des maîtres et des compagnons. Le maître employait le gamin qui lui était confié à faire les courses, à nettoyer l'atelier, à le balayer. S'il s'amuse en route ou regimbe, le bâton est là pour le corriger; et le pauvre hère, mal nourri, mal nippé, couché dans une soupente, se venge par des niches ou se console par des doléances. Il est moins heureux encore du côté des compagnons. Détesté d'eux, parce qu'il travaille pour un prix dérisoire ou même pour rien, parce qu'il fait baisser ainsi les salaires, et aussi parce qu'il fait perdre un temps précieux à l'ouvrier chargé de l'instruire à la place du patron, il est traité en petit domestique à tout faire. On l'envoie chercher du vin, des fruits, de la charcuterie pour les camarades plus âgés. On le roue de coups pour la moindre faute, et en 1540 les compagnons obtiennent un arrêt qui interdit aux apprentis de faire œuvre de compositeurs avant trois ans révolus d'apprentissage.

On voit que l'atelier typographique n'était pas un paradis. Mais, durant tout le XVIe siècle, pas de règlements uniformes pour les travailleurs du livre; des usages qui varient de ville en ville; l'industrie nouvelle n'est entrée qu'en dernier dans les cadres qui enserraient les autres métiers. Sans compter qu'il y a des villes comme Lyon qui sont restées réfractaires à cette organisation, l'imprimerie dans toute la France garde sa physionomie à part. Mais, précisément parce qu'elle est déjà un embryon de grande industrie [1], c'est dans son sein qu'éclatent les plus grosses querelles entre patrons et ouvriers. Il y eut de grandes grèves à Lyon, à Paris, à Genève et ailleurs.

Celle de Lyon mérite la première place : elle fut la première et la plus tenace. Lyon, depuis 1530, avait subi une terrible crise de cherté qui était allée jusqu'à la famine. La ville avait alors créé ce qu'on appela *La grande Aumône*, une sorte d'établissement d'assistance publique dont la mission était d'aider les pauvres gens à ne pas mourir de faim. Cette situation difficile devait se répercuter dans la classe ouvrière, dont les salaires restaient à peu près stationnaires, tandis que tout renchérisait, et il ne faut pas s'étonner si dans l'imprimerie, qui occupait à Lyon des milliers de travailleurs venus d'un peu partout, se déchaîna tout à coup, au mois d'avril 1539, un formidable orage.

Ceux qui s'imaginent que la cessation concertée du travail est une invention moderne se trompent singulièrement. Elle a existé partout où l'industrie

---

[1] En 1538, les imprimeurs GODARD et MERLIN à Paris emploient 200 ouvriers.

s'est exercée en grand. On la rencontre dans l'antique Egypte. A Rome, la retraite des plébéiens sur le Mont Aventin est une espèce de grève générale. Au moyen âge, elle a été pratiquée, avec le boycottage, contre les seigneurs laïques ou ecclésiastiques, qui furent affamés et bloqués dans leurs châteaux-forts. Elle reparaît naturellement dans l'imprimerie qui occupe un nombreux personnel.

En ce temps-là, l'abandon simultané du travail s'appelle : *faire le tric* [1]. Du moment que la résolution est prise, après une délibération secrète entre compagnons, les ouvriers quittent les ateliers, laissent en plan les travaux commencés, et, comme dans la plupart des grèves, se répandent en cortège dans les rues, débauchent leurs camarades, menacent et battent ceux qui veulent continuer à besogner, houspillent les maîtres qu'ils rencontrent et se collètent avec la police. Armés d'épées et de bâtons, ils s'engagent par serment à ne reprendre le travail que tous ensemble.

Quelles sont cependant les revendications des ouvriers lyonnais? Ils se plaignent d'être trop peu payés et mal nourris, ils réclament une augmentation des salaires devenus inférieurs à ce qu'ils étaient autrefois, c'est-à-dire possédant un pouvoir d'achat moindre; on sait qu'il y eut au XVIe siècle une forte dépréciation de la monnaie et que les salaires croissent moins vite que le coût de la vie.

---

[1] Etymologie incertaine, mais sens non douteux.

Ils veulent ensuite plus de liberté dans leur travail, chômer la veille des fêtes et pour le mariage ou l'enterrement d'un des leurs, travailler, au contraire, le dimanche, si cela leur fait plaisir. Ils demandent enfin (demande essentielle qui sera renouvelée pendant plus de trois siècles) la limitation du nombre des apprentis et des ouvriers étrangers.

Les maîtres refusent. Eux aussi sont unis. On trouve parmi eux Jean de Cambrai, Sébastien Gryffe, Georges Regnaud, Thibaud Païen, Macé Bonhomme, Hector Pernet, etc., qui parlent au nom de leurs confrères.

Les deux parties sont citées devant le sénéchal de Lyon. Les maîtres y sont représentés par dix délégués, les ouvriers par cinq. Les maîtres allèguent que les ouvriers sont menés par une minorité de têtes brûlées. Ils font observer, non sans raison, que le travail doit être régulier et ne peut être quitté et repris au gré de la fantaisie; mais ils entendent faire à eux seuls les règlements d'atelier et les imposer. Ils proposent pour les salaires de renoncer au paiement en nature, de le faire tout entier en argent et ils offrent par jours 6 sols 6 deniers, somme supérieure à ce qu'ils donnaient auparavant, mais qu'ils avaient tout intérêt à offrir, vu que, les vivres étant très chers, ils gagnaient au change en ayant l'air d'avantager leurs ouvriers. Ceux-ci refusaient et alléguaient qu'ils perdraient beaucoup de temps, s'ils devaient aller manger ailleurs que dans la maison du maître.

Comme il arrive dans ces conflits d'intérêts, il y a de part et d'autre de bonnes raisons à faire valoir et obstination égale à ne pas céder. La grève dure plusieurs mois. Les grévistes sont à bout de ressources, leurs familles ne vivent qu'entretenues par *La Grande Aumône*, laquelle plie sous le fardeau trop lourd. Mais le sénéchal, qui est lié à la grosse bourgeoisie de Lyon, ne peut-être que fort peu favorable aux compagnons. La sentence, rendue le 31 juillet 1539, commence par leur interdire de se réunir à plus de cinq et de faire le tric, et cela sous peine d'amende et de bannissement; puis elle leur interdit encore tout port d'armes, toute entrave à la liberté du travail, toute excitation à quitter la besogne, toute menace contre les apprentis qui seront en aussi grand nombre qu'il plaira au maître. Elle n'accorde satisfaction aux ouvriers que sur un point, sur la question des salaires. Les maîtres leur devront vin, pain et pitance dans les mêmes proportions que dans les six dernières années, et le bureau de *la Grande Aumône* sera chargé de surveiller l'éxécution de cet article, de recevoir toutes les plaintes sur la nourriture et de les déférer à la justice.

La sentence essayait en outre de régler les droits et devoirs réciproques des patrons et des ouvriers. Le chômage n'était autorisé que pour les obsèques du maître ou celles de sa femme. Défense était faite de chômer la veille des fêtes et de travailler le dimanche. L'ouvrier était responsable sur son salaire, s'il quittait un ouvrage commencé; mais aussi le maître ne pouvait renvoyer un ouvrier au milieu d'une besogne entamée par son ordre. En revanche on lui reconnaissait le droit de remplacer tout ouvrier malade sans indemnité et d'appeler pour une commande pressée tous les travailleurs du dehors dont il pouvait avoir besoin.

La sentence était, en somme, favorable aux maîtres. Et c'est elle qui servit de modèle à l'ordonnance royale rendue quelques semaines après (août 1539) et étendue plus tard à tout le royaume. Elle fut même aggravée par le pouvoir central. Ainsi tous les compagnons, auteurs de « monopoles » ou de violences, devaient être cités personnellement en justice et pouvaient être condamnés à la prison, au bannissement, à la torture, voire à la peine de mort. Les jugements, rendus par le sénéchal avec l'aide de quelques notables, étaient exécutoires sans appel. Défense était intimée aux Parlements d'en connaître.

Les ouvriers, déboutés de leurs prétentions, ne se tinrent pas pour battus. Il se trouva, en septembre 1540, que le Parlement de Paris vint tenir ses *Grands jours* » à Moulins : on appelait ainsi une session tenue en province. Or le Parlement de Paris était assez enclin à réformer les arrêts rendus par les autorités locales; de plus il était mécontent qu'on eût réduit sa prérogative consistant à fonctionner comme Cour d'Appel. Est-ce pour cela qu'il donna raison aux ouvriers, qui, en dépit de l'ordonnance royale, en avaient appelé à lui, sur un des points qui leur tenaient le plus à cœur, la limitation du nombre des apprentis? Il décida que, suivant l'usage, les apprentis ne seraient admis à composer qu'après trois ans d'apprentissage. Par ce moyen détourné, les compagnons obtenaient ce qu'ils désiraient. Ils supposaient avec raison que les maîtres ne multiplieraient pas les apprentis, du moment qu'ils ne pourraient pas les employer utilement avant trois ans révolus.

Ce fut au tour des maîtres de se plaindre, d'annoncer une cessation concertée du travail, une grève patronale, ce qu'on appelle aujourd'hui un *lock-out*. Ils menacèrent de fermer leurs ateliers, de transporter leur industrie dans la ville de Vienne, en Dauphiné. Les Consuls de Lyon, fort émus de cette menace qui pouvait porter un gros préjudice à leur cité, s'entendent avec les maîtres, décident d'envoyer à frais communs deux délégués à la cour pour obtenir l'annulation de l'arrêt du Parlement. Et, en effet, un représentant de l'autorité communale, Pierre Granier, et un libraire, Hector Pernet, partent pour Paris en décembre 1540. Ils y restèrent plus d'un an occupés à négocier. Lenteurs administratives ; mais aussi la question s'était compliquée. Les imprimeurs de Paris voulaient obtenir les mêmes conditions que ceux de Lyon. Puis, quand il s'était agi de régler les frais de la délégation, les imprimeurs lyonnais et les consuls avaient été en querelle. Enfin l'édit royal du 28 décembre 1541 renouvela la condamnation des compagnons et accorda aux maîtres tout ce qu'ils demandaient : faculté de prendre autant d'apprentis qu'il leur plairait, droit de congédier sans délai tout ouvrier mutin, blasphémateur ou faisant mal son devoir, tandis que l'ouvrier ne pouvait quitter son maître sans le prévenir huit jours à l'avance. La durée de la journée était fixée à 13 heures. Rien n'était stipulé pour les salaires, sinon que la nourriture serait suffisante, ce qui était étrangement vague.

Ce qui explique cette dureté de l'autorité royale, c'est qu'à la même époque plusieurs corps de métier étaient alors en grève à Paris ; c'était le cas pour les ouvriers boulangers, qui avaient fait dans les rues des cortèges, promené des bannières, engagé des rixes avec la police. Les ouvriers imprimeurs avaient, eux aussi, suivi l'exemple de leurs camarades lyonnais. Toutefois la querelle fut moins vive ; les maîtres ne parlèrent pas d'exode ; les compagnons ne commirent pas de violence. Mais la royauté se regardait comme chargée de maintenir l'ordre et elle prétendait, au nom de l'intérêt national, protéger l'existence de l'imprimerie qui lui paraissait être pour le royaume source de gloire et de richesse. Invité directement par les maîtres à intervenir, le roi acceptait toutes leurs revendications. Les ouvriers regimbèrent ; ils firent à leur tour appel au roi comme à un suprême arbitre, et ils le firent d'un ton assez menaçant. Ils alléguaient que très souvent une presse était desservie par un compagnon et quatre apprentis, parfois même cinq apprentis sans un seul compagnon. Ils disaient que plusieurs de leurs camarades, privés ainsi de travail, avaient dû se faire taverniers pour vivre. Ils réclamaient une enquête. Les maîtres s'y opposèrent, en déclarant que leur parole devait faire foi, et en soutenant qu'il était nécessaire de maintenir la main-d'œuvre à bon marché pour maintenir les livres à bas prix. Le roi se prononça en leur faveur : la requête des compagnons fut rejetée comme incivile (1542).

La fermentation ne cessa point pourtant, ni à Lyon, ni à Paris. Le procès intenté par les compagnons parisiens dura jusqu'en septembre 1544, où ils furent condamnés aux dépens et à observer l'édit royal sous peine de 100 marcs d'or. Le silence leur était imposé avec défense de se concerter et d'abandonner le travail.

Mais des germes de querelles subsistaient entre maîtres et compagnons.

Les maîtres se plaignaient que les édits fussent mal observés. Ils réclamèrent et obtinrent, en 1571, l'édit perpétuel et irrévocable de Gaillon. C'est le premier acte législatif essayant de réglementer l'ensemble de la matière.

Cette fois, ils ne sont plus obligés de nourrir leurs ouvriers; ils les paieront chaque mois ou chaque semaine, suivant les conventions particulières; et le taux des salaires sera fixé par les libraires jurés et les maîtres imprimeurs, aidés de quelques notables bourgeois. Les ouvriers récalcitrants seront con-

damnés à l'amende, au fouet ou à quelque autre
peine corporelle. Tous devront, en se présentant
dans un atelier, fournir une attestation de leur
maître précédent (art. 15).

Les compagnons, quand ils apprirent, assez tardivement, les mesures prises contre eux, protes-
tèrent vigoureusement et entamèrent un procès
pour faire réformer l'édit. Ceux de Lyon et de Paris
adressèrent au roi des remontrances très détaillées
et agrémentées de citations latines. Ils y dénonçaient
l'autorité « plus que tyrannique » des maîtres et
leur avidité, à eux qui s'enrichissaient, triplaient
leur avoir en une année, et faisaient sur les livres
des gains de 150 0/0, tandis que les ouvriers rui-
naient leur santé et se trouvaient réduits à changer
de métier, au point que les compagnons, de 3,000
qu'ils étaient à Lyon, étaient tombés au nombre
de 300. Ils disaient encore que les maîtres n'étaient
la plupart du temps que des marchands dont le rôle
se bornait à fournir « les outils, les matières et instruments », et que les compagnons étaient les vrais
imprimeurs.

Il est possible que ces allégations fussent exagé-
rées. Mais ils aboutissaient à des réclamations précises et raisonnables. Ils demandaient qu'il y eût
parfaite réciprocité en cas de séparation du maître
et de l'ouvrier ; que le maître fût obligé d'avertir
d'avance pour le congé qu'il donnait, comme l'ouvrier
pour le départ qu'il méditait. Ils demandaient égalité de traitement entre les deux parties et par suite

règlement du taux des salaires par une commission qui comprendrait autant de compagnons que de maîtres, plus des notables désignés d'un commun accord par les uns et les autres. Ils protestaient contre l'obligation d'apporter au nouveau maître un certificat de celui qu'ils quittaient et qui pouvait être tenté de se venger d'avoir été abandonné. Ils s'élevaient contre les peines corporelles dont on les menaçait et qui étaient indignes d'hommes libres. Ils voulaient encore la réduction de la tâche journalière qui leur était imposée : 2.650 feuilles à Paris, 3.350 à Lyon.

Les maîtres de Lyon ripostaient en disant que c'étaient là des prétentions de meneurs et de mutins et qu'il fallait faire verser caution à ces cabaleurs, avant de les admettre en justice.

Que se passa-t-il dans l'esprit et dans l'entourage du roi ? Toujours est-il qu'il y eut un changement grave. Le 10 septembre 1572, une déclaration royale favorable aux ouvriers corrigeait l'édit de l'année précédente. C'était au lendemain de la Saint-Barthélemy. La cour avait-elle besoin de l'assentiment populaire ? Ce qui est certain, c'est que les compagnons obtenaient des concessions importantes. Si l'interdiction des confréries, des monopoles, du port d'armes était maintenue avec l'obligation de présenter le certificat émanant du dernier maître, il n'était plus question de salaire fixé par une réunion de patrons ; le roi s'arrogeait le droit de le déterminer et le fixait à 18 livres tournois par mois. De même les jours fériés où le chômage était régulier étaient soigneusement indiqués. Enfin il n'était plus parlé de peines corporelles.

Cet édit de 1571 et cette déclaration de 1572 allaient être la base des règlements qui furent nombreux dans les siècles suivants : ils posaient des principes dont on ne devait guère s'écarter.

Mais les guerres religieuses, les troubles de la Ligue, la misère générale qui en résulta et qui fut accompagnée d'une disette de papier n'étaient favorables ni à l'observation des édits ni au développement de l'imprimerie française. Elle subit une décadence que le règne réparateur de Henri IV n'eut pas le temps de conjurer. Au début du xviie siècle, il y avait une sorte d'anarchie en ce domaine, et c'est alors qu'un très sérieux effort fut tenté pour lui donner une organisation régulière, calquée autant que faire se pouvait sur celle des autres corporations. L'imprimerie allait cesser d'être un métier libre pour devenir une industrie sévèrement réglementée [1].

---

[1] Pour tout ce qui concerne la grève des imprimeurs à Lyon, il faut consulter le volume de M. Henri HAUSER : *Ouvriers du temps passé.* (in-8°, Paris, F. Alcan, 1899). Je n'ai fait que résumer sa très consciencieuse et très intéressante étude. — Voir aussi pour toute cette partie le volume de M. Louis RADIGUER: *Maîtres imprimeurs et ouvriers typographes* (1470-1903). — (Paris, in-8°, Société Nouvelle de librairie et d'édition, 1903). J'ai tâché surtout d'expliquer les fluctuations de la politique royale en la replaçant au milieu des événements contemporains.

§ 2. — LE MÉTIER RÉGLEMENTÉ (1618-1789)
CAUSES EXTERNES DE DISSOLUTION

Le XVIIe siècle est une époque où la liberté n'est point en faveur en France. La règle et l'autorité y triomphent en tout domaine, sauf pendant la courte effervescence de la Fronde politique, qui n'était qu'un faible écho de la Révolution d'Angleterre, et de la Fronde religieuse, où le jansénisme n'est qu'une faible réminiscence des guerres qui avaient mis aux prises catholiques et protestants. C'est le temps des pouvoirs forts. Seigneurs et villes perdent leurs franchises. Le roi, appuyé sur une bourgeoisie soumise et sur une Eglise docile, se croira maître légitime, par la grâce de Dieu, des biens et de la vie de ses sujets ; il voudra même être le maître de leurs consciences et il expulsera les protestants (1685), il fera exhumer les solitaires et les religieuses de Port-Royal détruit par son ordre.

Il est naturel que l'imprimerie suive l'évolution du milieu social dont elle fait partie. Un système assez lâche, assez incohérent, avait été ébauché en 1586, en 1610, pour veiller à la bonne exécution des travaux typographiques. Mais, dès l'année 1618, les maîtres imprimeurs, libraires et relieurs, las d'être libres et isolés, décident de former une corporation formée sur le modèle de celles qui existaient autour d'eux, de créer une chambre syndicale et de s'imposer des règlements sévères. Dix-huit d'entre eux, au nom de leurs confrères, demandent à être déchargés de leur indépendance. On peut assigner à leur pétition trois motifs : 1º la volonté de veiller à la bonne qualité des produits, d'empêcher les premiers venus de s'improviser imprimeurs, d'exiger de ceux qui s'établissent certaines conditions, certaines preuves de capacité ; 2º le désir, qu'ils n'avouent pas, mais qui transparaît clairement dans leurs statuts, de s'assurer le monopole du métier, de se protéger contre la concurrence de rivaux éventuels ; 3º le besoin de s'assurer la bonne volonté des puissances en alléguant l'intérêt qu'a le roi à ne plus voir imprimés des livres contre l'honneur de Dieu et de l'État.

Aussi voyez les règles de la nouvelle corporation. Désormais on ne pourra être imprimeur, libraire ou relieur à Paris, sans avoir fait son apprentissage dans cette ville (4 ans pour être imprimeur, 5 ans pour être libraire). Pour devenir maître, il faudra être âgé de vingt ans au moins, savoir le latin, pouvoir lire le grec, présenter un certificat de l'Université obtenu après examen ; il faudra prouver qu'on sait composer, établir des livres de divers formats ; il faudra enfin être Français et, à partir de 1649, catholique.

Puis apparaît la tendance à fermer presque complètement la corporation, à en faire le bien héréditaire de quelques familles privilégiées.

On ne recevra maître (article 26) qu'un imprimeur, un libraire, un relieur par année ; en 1639, on veut ramener le nombre des imprimeurs à 24, et, en l'année 1645, la communauté ayant constaté qu'il existe à Paris 76 imprimeurs, dont 16 non immatriculés sur ses registres, et 183 presses, déclare que c'est beaucoup trop et que ce nombre doit être réduit. De plus, on met des obstacles à l'élévation des compagnons à la maîtrise : tandis que les enfants et les veuves de libraires sont admis de droit dans la corporation, qu'un fils de maître est dispensé de tout examen et reçu sur la simple attestation de deux maîtres, sans avoir rien à payer, les compagnons, à moins qu'ils n'épousent une fille ou une veuve de maître, doivent acquitter un droit d'entrée fixé à 60 livres. Encore cette somme, considérable pour le temps, sera-t-elle portée en 1659 à 300 livres. Il est vrai qu'à la fin du siècle, la corporation et l'État s'étant également appauvris, les fils de maîtres seront eux-mêmes astreints à une taxe assez élevée. Mais celle qu'on exige des compagnons, non agrégés à la famille d'un patron, sera toujours plus forte d'un tiers ou même de moitié ; si bien qu'ils seront condamnés de plus en plus à rester parqués à perpétuité dans leur situation inférieure.

Ce régime, appliqué à Paris, s'étendit bientôt à la province. Avec l'approbation de la royauté, qui trouvait avantageux d'avoir affaire partout à des communautés organisées, plus faciles à surveiller et plus capables de financer, plutôt qu'à des individus isolés, des Chambres syndicales, imitées de la

Chambre parisienne, se fondaient en plusieurs villes dès 1644; on en comptera 20 en 1789. En même temps, la limitation du nombre des imprimeurs était pratiquée en plusieurs endroits. Elle avait été déjà ordonnée à la fin du xvie siècle; mais l'ordonnance n'avait pas été exécutée. La prescription fut renouvelée et cette fois observée; avant même l'édit de 1685, qui chasse les réformés de France, le nombre des aspirants à la maîtrise est restreint. Un protestant pas plus qu'un israélite ne peut être ni imprimeur, ni libraire.

L'imprimerie entrait dans les cadres du système corporatif, au moment même où ceux-ci commençaient à craquer. Déjà au xvie siècle, Bodin avait plaidé pour l'élargissement de ces cadres trop étroits et ils allaient peu à peu fléchir et se rompre sous l'action de causes externes et internes [1].

Les causes *externes* étaient le changement du milieu social, le remplacement de l'économie urbaine par l'économie nationale, l'extension du marché, l'essor du grand commerce et de la grande industrie, puis les interventions multiples du pouvoir central. Les causes *internes* étaient la routine où s'enlisaient les corporations, leurs querelles intestines, soit entre maîtres appartenant à diverses branches du métier, soit entre maîtres et travailleurs manuels ou intellectuels ayant affaire à eux.

---

[1] Pour le développement de ces causes, voir O. RENARD. — *Syndicats, trade-unions et corporations*, pp. 88–155. (Doin, éditeur).

L'imprimerie et les métiers qui s'y rattachent allaient subir ces influences combinées.

CAUSES EXTERNES DE DISSOLUTION

D'abord, par le seul fait que la France est désormais un grand Etat, que le marché commercial ne peut plus être enfermé dans les limites d'une ville, il faut tenir compte de la concurrence entre les villes du royaume et même de la concurrence étrangère. Pour satisfaire une clientèle qui s'étend, il faut produire davantage et, pour cela, produire autrement. De là, besoin d'ateliers plus vastes, de capitaux plus considérables. De là, une division du travail entre trois classes d'hommes qui tendent à se spécialiser chacun dans une besogne particulière : les *commerçants*, qui ne produisent pas, mais sont les intermédiaires entre producteurs et consommateurs et qui s'occupent exclusivement de l'achat et de la vente ; les *fabricants*, qui, dans des ateliers et avec des engins qui leur appartiennent, font exécuter les commandes qu'ils reçoivent ; les *ouvriers*, qui, simples salariés, exécutent les travaux qu'on leur donne à faire.

Ces trois classes d'hommes ont des intérêts différents. Les commerçants sont impatients des entraves qui arrêtent ou ralentissent la circulation ; ils sont pour l'unification des poids et mesures, des monnaies, des règlements. Les fabricants entendent être protégés contre la concurrence étrangère, mais en même temps, pour avoir la main-d'œuvre à bon marché, ils embauchent volontiers des étrangers, comme des femmes et des enfants. Les ouvriers désirent à la fois des salaires plus élevés et des garanties contre l'arbitraire patronal, une diminution de leur dépendance.

Il y aura donc des conflits entre les libraires, qui sont des marchands, et les imprimeurs, qui sont des entrepreneurs de fabrication, et, d'autre part, entre les imprimeurs, les papetiers et le personnel qu'ils emploient.

L'autorité royale, placée entre ces intérêts opposés qui s'entrechoquent, favorise tantôt les uns, tantôt les autres, selon qu'ils concordent soit avec son intérêt personnel, *politique* ou *fiscal*, soit avec l'intérêt *public* ou *national* [1].

L'intérêt *politique* de la royauté est d'abattre sur son territoire les puissances rivales et d'unifier sous sa direction les lois et règlements. C'est ainsi qu'elle s'efforce de transformer les corporations en institutions protégées et obéissantes. Dès 1580, Henri III décide que l'organisation des jurandes et maîtrises s'étendra à toutes les villes et bourgades du royaume et que les maîtres d'un métier, qu'ils viennent d'un faubourg ou d'une ville française quelconque, pour-

---

[1] Le roi intervient par des ordonnances, des édits, des déclarations, des lettres patentes, des arrêts du Conseil privé. Il agit par l'intermédiaire du Chancelier ou du lieutenant de police.

ront s'établir partout, sauf à Paris, ce qui est une concession aux jalouses corporations de la capitale. Henri IV, en 1597, renouvelle cet édit en l'étendant aux marchands. C'est une organisation d'État qui vise à se substituer à l'organisation urbaine du moyen âge.

Le mouvement, qui se heurte à des résistances, continue et s'accélère au xviie siècle. Richelieu, puis Louis XIV suppriment presque entièrement les privilèges féodaux et les libertés communales. Or la vie municipale et la vie corporative étaient si intimement liées qu'on ne pouvait frapper l'une sans atteindre l'autre.

En 1673, une ordonnance travaille de nouveau à briser les cloisons étanches qui séparaient les corporations de Paris et celles de province. C'est aussitôt une éclosion de corporations nouvelles dans la capitale; en 1672, il n'en existait que 62; on en compte 83 l'année suivante. Et en 1691, à la suite d'un nouvel édit, il y en aura 129. En même temps que s'opèrent ces efforts d'unification, on enlève la police des métiers aux seigneurs haut-justiciers; on la laisse en partie aux échevins, magistrats communaux; mais très souvent on la transmet aux tribunaux royaux. L'autorité des corporations est ainsi rognée au profit du pouvoir central. Colbert, de 1666 à 1669, codifie, au nom de l'État, les prescriptions minutieuses qui remplissaient les statuts des corporations. Ainsi, un peu plus tard, l'édit de 1686 détermine le matériel qui est obligatoire pour une imprimerie : « Aucun imprimeur ne pourra exercer l'imprimerie qu'il n'ait deux presses à lui appartenantes et qu'elles ne soient fournies de bonne fonte, sans que plusieurs imprimeurs se puissent associer en une même imprimerie. »

Cette politique d'empiètement et de centralisation est poursuivie au XVIIIe siècle par le pouvoir royal. Le règlement général de 1723, qui fut, jusqu'à la fin de l'ancien régime, la charte de l'imprimerie et de la librairie, stipule que toute contestation relative à ces deux métiers relèvera désormais uniquement de Sa Majesté. C'était l'autorité du souverain, représenté par son Conseil privé, qui tranchait tous les litiges et marquait de son estampille tous les règlements.

La royauté n'était pas guidée seulement par le désir de régenter le commerce et l'industrie; elle était souvent inspirée par un *intérêt fiscal*.

Tantôt elle confirme, fortifie, étend le monopole des corporations et leur fait payer cette faveur. En 1581, la caisse royale espère s'enrichir des droits d'immatriculation que paie chaque nouveau maître. En 1673, l'édit qualifié de *bursal* est une façon d'impôt qu'on prélève sur leur bourse.

Tantôt, par un procédé qui date de Louis XI, le roi crée des *lettres de maîtrise*, qui dispensent ceux qui les achètent des examens et des droits d'entrée. Si elles ne trouvent point preneurs, ce sont les corporations qui les rachètent pour empêcher l'intrusion de concurrents nouveaux.

Tantôt enfin le roi imagine un autre moyen de traire ces vaches à lait que sont pour le Trésor les corporations. Il les menace, comme en 1691, de nommer lui-même tous les syndics et jurés : ci 300.000 livres qu'il obtient pour renoncer à ce projet. Ou bien, comme en 1694, il s'avise d'instituer des examinateurs chargés de contrôler leurs comptes : ci 400.000 livres pour obtenir la suppression de ces offices inquiétants. En 1711, on leur interdit de créer de nouveaux maîtres et on en crée sans leur assentiment. Les corporations, pour suffire aux sacrifices qu'elles consentent, s'endettent, s'obèrent et sont sur le point de faire banqueroute.

La royauté obéit aussi parfois à des inspirations plus nobles ; elle songe à l'intérêt général ; elle introduit des industries encore inconnues en France ; elle crée des manufactures d'État. L'Imprimerie royale est une de ces créations.

§ 3. — Causes internes de dissolution

A ces causes de dissolution, qui viennent du dehors et qui sont compliquées par les gênes que la censure inflige au commerce des livres, s'ajoutent des germes de mort qui se développent du dedans même du corps du métier.

LES MAITRES

Les rapports des maîtres entre eux ne sont rien moins que fraternels.

Ce sont d'abord les formalités tracassières d'une réglementation qui ne laisse pas de marge à l'initiative privée, qui atrophie l'esprit d'innovation et finit par empêcher tout progrès. On pourrait dire sans exagérer que sainte Routine fut la patronne des corporations, qui semblèrent croire leurs procédés et traditions fixés pour toujours. C'est pourquoi, sans doute, comme nous l'avons vu, de Gutenberg à la fin du XVIIIe siècle, l'imprimerie demeura presque stationnaire dans sa technique et dut attendre, bien qu'elle se fût, dès le début, servie de machines, le XIXe siècle pour transformer ce machinisme rudimentaire.

Si l'on veut comprendre cet arrêt de l'invention, il faut connaître la constitution de la Chambre syndicale et sa compétence. Je parle de celle de Paris. Tous les ans, libraires, imprimeurs, relieurs, domiciliés obligatoirement dans le Quartier Latin sous peine de la confiscation de leurs engins et marchandises, doivent s'assembler le 8 mai dans la salle des Mathurins, sise près de l'Hôtel de Cluny. Là, en présence de deux représentants de l'autorité royale, ils nomment un syndic et quatre adjoints, qui sont les gardes de la communauté et s'engagent par serment à en faire observer les règlements. Le bureau, installé en cette salle, en fut quelque temps exilé. De 1630 à 1672, il siégea au Collège royal (qui n'est autre que le Collège de France). Mais les allées et venues des gens qui avaient affaire à ce bureau, le bruit des assemblées qui s'y tenaient troublaient les leçons des professeurs. Il dut se transporter au Collège de Cambrai, où il resta de 1672 à 1679. Il en fut délogé pour les mêmes raisons, revint alors à son siège social primitif et n'en bougea plus.

La Chambre syndicale administre la communauté. Elle fixe le taux des cotisations, règle les questions financières, dirige les procès que la corporation peut avoir, fonctionne comme arbitre entre ses membres. Son bureau a pour mission de vérifier les livres qu'on y apporte. Il est, dit une inscription latine, leur pierre de touche. Il doit les examiner à deux points de vue, voir s'ils sont bien conditionnés et s'ils contiennent des propositions contraires à l'Eglise et à la royauté. Pour remplir leurs fonctions, le syndic et ses adjoints visitent les ateliers qui doivent ouvrir leurs portes devant eux, vérifier le nombre des compagnons et des apprentis qui travaillent là, celui des presses, la quantité et la qualité du papier et des caractères employés. Ils ont le droit de saisir les livres mal pensants ou mal fabriqués.

Ces devoirs étaient bien absorbants pour être exactement remplis. Les discussions de la Chambre syndicale qui devaient avoir lieu tous les jeudis étaient trop fréquentes. Les absences y étaient nombreuses et, dès 1625, une amende de 20 livres est infligée aux manquants. De plus, ces réunions sont d'abord publiques pour tous les membres de la communauté. Entre qui veut. Mais il s'y produit des discussions violentes, des altercations; alors on les ferme. Dès 1638, n'auront plus permission d'y assister que les membres ayant été en charge, c'est-à-dire les anciens *syndics* ou *gardes*, et les autres membres de la communauté n'y auront accès que lorsqu'ils auront à exposer leurs différends.

Ces différends étaient, hélas ! ordinaires. Ils provenaient surtout de ce fait que la communauté était en réalité une fédération de métiers ayant chacun ses intérêts particuliers. Elle était composée de trois sections distinctes : imprimeurs, libraires, relieurs. Encore faudrait-il y adjoindre les fondeurs de caractères, qui en firent partie de façon intermittente. Or il s'agissait d'élire un syndic chaque année. A quelle section appartiendrait-il ? Motif de brigues, de rivalités, de compétitions. Les élections étaient souvent tumultueuses : il fallut annuler celle de 1639. Le roi désigna Vitré, qui de 1639 à 1644 exerça une sorte de dictature. L'occasion parut bonne pour pousser plus avant dans la voie où la communauté était déjà engagée. Elle tendait à se resserrer, à devenir une petite obligarchie. Les élections ne se firent plus au suffrage universel. Le droit de vote fut réservé aux officiers sortis de charge, augmentés de six délégués pris dans chacune des trois sections et désignés eux-mêmes par ces anciens officiers. La lutte ne cessa pas. Les sections se disputèrent les registres de la communauté. L'une d'elles les enleva; si bien qu'à la suite de ces désordres le pouvoir se concentra encore. En 1646, la tendance qui portait à remettre les élections aux mains d'une petite minorité triée sur le volet avait la victoire. En 1649, le corps électoral comprend le syndic, les quatre adjoints, les anciens officiers et huit membres délégués par chacune des trois sections.

On aurait pu croire l'affaire réglée. Pure illusion ! Entre les trois sections ont surgi des querelles de frontières. Les imprimeurs auront-ils le droit de vendre des livres ? Les libraires auront-ils celui d'imprimer ? Les relieurs pourront-ils imprimer et vendre ? Cela donne lieu à des discussions sans fin. On essaya, en 1666-67, de confiner chaque section dans son domaine propre. Un relieur, qui s'était fait imprimeur, fut obligé de fermer son imprimerie. Les relieurs se plaignent de jouer le rôle de Cendrillon dans la communauté; de n'avoir jamais place dans le bureau, parmi les adjoints. Alors on songe à les exclure et, en 1683, un édit royal consacre la scission qui s'opère. Libraires et imprimeurs restent unis; relieurs et doreurs sont invités à faire bande à part. Ils protestent. Mais l'édit est confirmé en 1686. En vain l'Université, qui avait la haute main sur toute la corporation, tente de s'opposer à cette séparation amenée par la division du travail. Elle est vaincue comme les relieurs. Pour achever la scission, la confrérie, qui subsistait malgré les édits interdisant les confréries et qui contenait des représentants des trois sections, se coupait alors à son tour en deux. Il fallut partager les meubles, l'argenterie et les autres effets. Après quoi, les relieurs et doreurs s'agrégèrent à la paroisse Saint-Hilaire et eurent leur confrérie spéciale sous l'invocation du Saint-Sacrement et de Notre-Dame-de-Grâce[1].

Cette première coupure ne devait pas être la seule. Les imprimeurs restés avec les libraires montrèrent un certain dédain à ces boutiquiers. La querelle était cette fois entre l'industrie et le commerce. Ce fut l'occasion de procès et d'arrêts contradictoires arrachés au roi. Enfin, en 1686, le nombre

---

[1] MELLOTTÉE ouvrage cité, p. 194.

Les statuts de la communauté des maîtres relieurs et doreurs en 17 articles (1686) stipulent qu'il faut coudre les livres à deux cahiers au plus, avec ficelle et vrais nerfs, les endosser avec du parchemin et non du papier. En 1753, il est prescrit que les apprentis, leur temps fini, feront encore trois ans de compagnonnage.

Les relieurs se plaignent à plusieurs reprises que les nouveaux maîtres relient des livres contraires aux bonnes mœurs et aux lois de l'Etat. Ils se plaignent surtout des « relieurs du roi », qui ont été reçus sans avoir fait ni apprentissage ni chef-d'œuvre. C'étaient ceux qui suivaient la cour ou qui obtenaient des lettres de maîtrise lors d'un joyeux avènement. En 1753, l'un d'eux, VENTE, obtint le brevet de « Relieur des menus plaisirs de la Chambre du Roy », de plus le monopole des pièces de théâtre dans l'enceinte de la Comédie Française et de la Comédie Italienne. En 1741 et 1751, le métier étant encombré (il y a 300 maîtres et 400 compagnons), défense de faire des apprentis pendant dix ans. En 1772, la communauté ne comprend plus que 227 maîtres, et, en sus, 55 veuves, qui sont autorisées à tenir un petit commerce de papeterie. Supprimée en 1776, elle se reconstitua la même année, fut alors réunie à celle des papetiers-colleurs.

Consulter à ce sujet Léon GRUEL. *Manuel de reliure et Conférences sur la dorure et la reliure des livres*. 1894-1895.

des imprimeurs fut fixé pour Paris à 36, ce qui forçait les libraires-imprimeurs à renoncer à l'une des deux professions. La querelle avait aussi pour motif la question électorale : les libraires, plus nombreux, ne laissaient pas aux imprimeurs la quantité de places auxquels ceux-ci prétendaient avoir droit [1].

Ainsi se prolongeaient des débats qui rappellent la dispute du maître de philosophie et du maître d'armes dans *Le Bourgeois gentilhomme*. L'imprimeur est un créateur, un artiste; le libraire n'est qu'un marchand. L'imprimeur a droit de porter l'épée; il peut être noble. Un homme de qualité ne saurait être libraire; il dérogerait. Les libraires ripostaient, alléguant que le plus souvent c'étaient eux qui commandaient les ouvrages, qu'ils étaient en relations avec les véritables créateurs qui étaient les écrivains, qu'ils jouaient un rôle fort utile à l'Etat en répandant par tout le monde les livres sortis des presses.

La bataille se prolongea pendant une bonne partie du xviiie siècle, avec des péripéties variées. On pouvait, d'ailleurs, remarquer dans cette lutte une divergence d'opinions qui se retrouverait encore aujourd'hui entre industriels, partisans d'une limitation de la concurrence et d'un protectionnisme favorable à leurs fabriques, et commerçants, demandant la suppression de toute entrave à leur activité. En 1721, les libraires réclamèrent qu'il fût loisible

---

[1] Ils avaient quatre officiers sur cinq.

à quiconque de s'établir imprimeur[1]. Mais ils étaient en avance sur les idées de leur temps. Ils n'obtinrent pas cette liberté qui leur paraissait désirable. Le débat quasi centenaire se termina par un compromis. Il fut décidé en 1723 que libraires et imprimeurs seraient dans la communauté sur pied d'égalité et il en fut ainsi jusqu'à la mort des corporations.

Dirai-je encore que la communauté défendait son monopole contre d'autres corps de métier, contre les crieurs-jurés qui revendiquaient le monopole des lettres de faire-part pour les décès, contre les marchands, afin d'avoir place parmi les juges-consuls; que les fondeurs intentèrent des actions aux taillandiers, aux aiguilleurs-aleiniers, aux doreurs, aux balanciers, aux épingliers, aux chaudronniers, aux boutonniers, aux sculpteurs? Les frais de justice des corporations parisiennes se montaient vers le milieu du siècle à un million par an. — Cette fureur processive, cet effort pour faire de la corporation un petit enclos soigneusement fermé, barricadé et délimité, n'ont pas peu contribué à les affaiblir et à les discréditer.

Une preuve de ce resserrement des entreprises dépendant de la communauté est la décroissance régulière qu'a subie le nombre des imprimeries

---

[1] 178 libraires et 11 imprimeurs se prononcèrent pour la liberté — 23 imprimeurs et libraires pour la limitation du nombre des imprimeries.

depuis 1625 jusqu'en 1777. A Paris, on en compte
240 de 1625 à 1650 ; dans le premier quart du siècle suivant, le chiffre descend à 120. En 1704, il y en a 278
pour toute la France ; mais en 1739, par ordre, les ateliers disparaissent dans 43 petites villes ; et si Paris
reste à son chiffre de 36, Lyon et Rouen en ont
perdu chacune 6, Marseille 3, Bordeaux et Toulouse
chacune deux. En 1777, les imprimeries autorisées
sont au nombre de 266 ; il est vrai qu'il y en a 305
qui fonctionnent ; mais les imprimeries tolérées ou
clandestines ne sont jamais fort importantes et
ont toujours existé depuis que l'autorité royale,
d'accord avec les Chambres Syndicales, a favorisé
cette concentration inquiétante. Un de ses résultats est que les imprimeurs, n'ayant presque plus à
redouter la concurrence, haussent considérable-
ment leurs prix ; les libraires s'en plaignent, les
accusent en outre de fournir des travaux de mauvaise qualité et de pousser ainsi le public à s'approvisionner dans les pays étrangers.

Si l'on ajoute que les imprimeurs-libraires se
débauchaient souvent leurs ouvriers qualifiés,
usurpaient parfois les marques commerciales de
leurs confrères, manquaient aussi fréquemment
des connaissances nécessaires à leur métier (ce que
nous apprenons par les articles de règlement qui
signalent ces procédés et ces ignorances en les
condamnant), il est permis de conclure que par
la faute des maîtres le régime corporatif était dange-
reusement compromis.

***

LES COMPAGNONS

Leurs rapports avec leur personnel ne laissaient pas moins à désirer. Nous allons le voir en étudiant la situation faite aux compagnons.

En vain l'édit « perpétuel et irrévocable » de Gaillon, en 1571, avait-il eu la prétention de leur imposer l'isolement pour mieux les assujettir, en leur défendant la moindre réunion ou association, la moindre participation à une confrérie. La loi, comme il arrive souvent en France, n'exista que sur le papier. Elle fut si peu exécutée qu'en 1617, à Paris, les compagnons furent menacés d'être étranglés et pendus, s'ils continuaient à s'associer et à circuler en troupe dans les rues.

Malgré des défenses réitérées, il semble que le droit d'ester en justice et de plaider en nom collectif leur soit tacitement reconnu. Le Parlement tantôt leur conteste (1665), tantôt leur reconnaît ce droit (1686). Mais l'autorité royale casse l'arrêt du Parlement (1689), leur interdit toute bourse commune pour couvrir les frais judiciaires, toute procédure au nom d'un corps qui ne doit pas exister. Néanmoins nous les voyons en 1697 assigner les maîtres devant le tribunal, déposer une requête pour qu'il leur soit permis de former une confrérie, et, quand l'article 42 du règlement de 1723 leur retire une

fois de plus la faculté d'opposer à la communauté
des maîtres une action collective des compagnons,
ils protestent véhémentement, déclarent que les
derniers des hommes ont recours devant la justice,
quand ils sont lésés. Ils se réunissent encore, en 1724,
dans l'enclos de Saint-Jean de Latran et dans différents cabarets ; et il faut croire qu'ils persistent à se
concentrer, puisqu'en 1777 on leur inflige une nouvelle interdiction de faire banquets et assemblées
et qu'ils répondent hardiment : « Un tel article...
porterait à faire croire que Sa Majesté, loin de rendre
ses peuples libres, voudrait au contraire les asser-
vir. »

Dans les ateliers, en dépit de tous les obstacles,
subsistent les chapelles, ces équipes solidaires d'où
sortira plus tard le travail en commandite. Elles
sont tolérées et l'apprenti est souvent chargé d'aller
« battre le tambour » auprès des chapelains, c'est-
à-dire d'aller recruter près des initiés les cotisations
et amendes qui sont de tradition et qui alimentent la
caisse commune. Les fonds recueillis servent à
organiser des banquets lors de la Saint-Jean et de
la Saint-Martin, à procurer des secours aux malades
et invalides, à aider les ouvriers qui font leur tour
de France ou vont d'une ville à une autre en quête
de travail.

Il est donc avéré qu'à demi poursuivie, à demi
acceptée par l'autorité, persiste entre les compagnons
une union assez étroite. Il est intéressant de rechercher les causes des fluctuations par où les pouvoirs

publics et la conduite des maîtres ont passé à cet égard.

Avant tout ces variations dépendent du plus ou moins de force qu'ont les partis populaires et les idées de liberté. Ainsi, en 1649 et en 1650, les compagnons à Paris font triompher leurs revendications. C'est le moment de la Fronde. Les nobles, la France sont en pleine effervescence. Un duc se proclame roi des Halles. Les corps de métiers jouent pendant quelques mois un rôle politique. Les maîtres comprennent qu'il faut filer doux. Ils font droit aux réclamations de leurs ouvriers. Le Parlement de Paris, alors en révolte contre la régente et Mazarin, admet et enregistre la requête des compagnons. (7 septembre 1650).

Mais les concessions qu'ils ont obtenues sont aussi peu durables que la suprême résistance opposée par la noblesse et le peuple des villes au pouvoir absolu. Trois ans plus tard le calme est revenu ; l'autorité triomphe. Une réaction s'opère dans tous les domaines. C'est pourquoi, en 1654, les maîtres l'emporteront à leur tour. Ils se refusent à toute discussion avec les délégués des compagnons, à toute tentative d'accommodement, à la création d'une commission mixte composée de représentants des deux parties adverses. C'est pourquoi, en 1655, la Sorbonne, c'est-à-dire la Faculté de théologie, qu'on ne s'attendait pas à voir en cette affaire, croit devoir prononcer une condamnation solennelle contre les serments, rites et cérémonies du compagnonnage. D'autres mesures restrictives sont imposées aux ouvriers. Le Parlement de Paris, de nouveau saisi du conflit qui renaît entre maîtres et compagnons imprimeurs, mais cette fois épuré, soumis, se prononce en faveur des bourgeois bien rentés que sont les patrons.

Jusqu'à la fin du règne de Louis XIV, les compagnons, malgré quelques vélléités favorables du Parlement, n'ont plus à attendre que vexations et mauvais procédés. Si pendant cette époque ils élèvent quelques timides protestations, c'est sous la forme de suppliques très humbles adressées au syndic et aux adjoints de la Communauté (1665) ; encore en 1716, ils essaieront d'attendrir l'autorité royale par des éloges outrés.

Mais le ton va changer bientôt. Les idées d'émancipation, la conception des droits qu'a tout homme, fût-il pauvre et roturier, pénétrent dans les esprits. Dès 1725, dans un mémoire virulent en faveur des compagnons, on peut lire cette phrase : « *Les esclaves d'Alger* n'éprouvent pas un traitement plus rigoureux. » En 1757, il est reproché aux maîtres de « vouloir réduire les misérables ouvriers au rang de bas valets. » Des compagnons demandent si l'on ne fera pas venir des esclaves nègres pour les remplacer. Ils parlent de quitter le pays et, en 1777, ils deviennent presque menaçants : ils avertissent les maîtres intransigeants qu'un abîme s'ouvre sous leurs pieds.

Toutefois ce n'est pas uniquement selon que le

vent de la politique souffle en un sens ou en l'autre,
que les maîtres sont plus ou moins durs envers
leurs ouvriers. Leur conduite est souvent inspirée
de motifs économiques. Nous les voyons, avec un
remarquable esprit de suite, entraver l'accès à la maîtrise par les dispenses accordées aux fils et gendres
de maîtres, par l'élévation continue des frais de
réception, par la limitation du nombre des imprimeries. Nous les voyons également varier sur la
question du chiffre des apprentis, suivant qu'ils
ont ou non besoin d'un supplément de main-d'œuvre.

Mais c'est assez sur l'évolution générale de leurs
relations avec les compagnons. Il faut voir maintenant les principales questions qui les mettent aux
prises.

C'est d'abord celle des salaires. L'opposition
des intérêts entre ceux qui paient et ceux qui sont
payés est de tous les temps. Quand la main-d'œuvre
est rare, les salaires augmentent; quand elle est
abondante, ils baissent. Les maîtres s'efforcent donc
d'avoir à leur portée des ouvriers supplémentaires;
ils les font venir des villes voisines ou de l'étranger,
et c'est un des griefs que les compagnons allèguent
dans leurs réclamations. Ils obtiennent parfois leur
renvoi et des augmentations, surtout pour ceux
d'entre eux qui savent lire le grec (1654). Mais,
plus souvent on leur défend de molester ces nomades
qui sont un appoint si précieux pour les patrons
(1664). L'Allemagne, la Hollande, Liège, Toulouse,
Rouen, Avignon sont les réservoirs où d'ordinaire

puisent les maîtres parisiens. De temps en temps le syndic rappelle qu'il convient de donner la préférence aux ouvriers du pays : mais ces conseils paraissent peu écoutés, puisqu'en 1755 les compagnons se rabattent sur cette demande aussi modeste que peu pratique : qu'on n'embauche ces étrangers que pour trois mois.

La fixation des prix des divers travaux donne lieu à d'interminables discussions. Les maîtres ont sur ce point l'appui des autorités. En 1702, un arrêt du Conseil frappe de 500 livres d'amende le maître accueillant un compagnon qui aurait quitté une imprimerie sous prétexte d'insuffisance de salaire. Il est décidé que le taux en sera déterminé par le syndic et les adjoints. C'est déjà grave ; mais la chose est encore aggravée à certains moments ; en 1720, les ateliers sont désertés, parce qu'on s'est avisé de payer les ouvriers en billets de la banque de Law, qui sont dépréciés. Un différend s'élève-t-il entre un maître et son personnel : ce sont encore le syndic et les adjoints qui sont juges et on refuse du travail à qui n'accepte pas leur sentence. Les ouvriers typographes furent alors payés plus cher que leurs camarades des autres métiers : mais on ne voit pas qu'ils se soient enrichis ; atteints par l'âge, ils étaient réduits à se faire colporteurs, vendeurs ambulants d'almanachs et autres babioles ; et leurs veuves étaient heureuses d'être autorisées à faire un petit commerce de vieux papiers et parchemins.

Il est permis de conclure que les salaires ne permettent guère de conquérir la maîtrise à qui n'est pas fils, gendre, neveu de maître. En 1723, il en coûte 1.000 livres pour être reçu libraire, 1.500 pour être libraire et imprimeur. En 1777, ces sommes sont doublées (2.000 et 3.000 livres). Si l'on songe que le nouveau maître devait payer, en sus, le loyer d'une boutique, acheter un fonds de livres ou un gros matériel d'imprimerie, on comprend que l'ouvrier n'avait qu'à se résigner à languir dans sa situation subalterne. Il se formait parmi les commis de librairie et les typographes un prolétariat de salariés.

Leur condition, comme tels, fut assez bonne dans la première moitié du XVIIIe siècle. Les salaires furent alors assez élevés dans la France décimée, dépeuplée par les guerres interminables de Louis XIV; la main-d'œuvre était rare et chère. Mais il en est tout autrement dans la seconde moitié du siècle, parce que la population a sensiblement augmenté. Il est alors aisé de se procurer des travailleurs au rabais et les maîtres ne s'en font pas faute. Les salaires ont dès lors tendance à baisser. Et le mal est aggravé pour les ouvriers par les variations des monnaies et par des crises de chômage. Celles-ci sont dues, pour une grosse part, à la concurrence étrangère, au fait que les ouvrages publiés en France sont victimes de contrefaçons éhontées ou bien même que beaucoup d'auteurs français, pour se dérober aux sévérités de la censure, font imprimer leurs œuvres en Suisse, en Hollande, en Allemagne. Ajoutons qu'en France une certaine quantité d'imprimeries clandestines enlèvent aux imprimeries autorisées une bonne partie de leur clientèle.

Un autre sujet de discussions était la durée du travail, avec la quantité de la tâche journalière. En 1650, la journée, qui était de 17 heures, est réduite à 14 : elle doit aller de 5 heures du matin à 9 heures du soir. Plus tard elle diminuera : elle ira de 6 heures du matin à 7 heures du soir en été, de 7 heures du matin à 8 heures du soir en hiver ; mais, en 1777, on voudra l'allonger d'une heure, sans augmenter proportionnellement la rémunération. Quant à la production quotidienne qu'un ouvrier doit fournir, réduite, elle aussi, en 1650, à 2.500 feuilles en noir et à 2.200 en rouge et noir, elle est, dès 1654, ramenée à 2.700 feuilles en noir et à 2.500 en noir et rouge.

Prêtent également à de longues controverses les conditions imposées à l'ouvrier qui sort d'un atelier pour entrer dans un autre. Défense est faite au compagnon d'abandonner le travail commencé, sous peine d'une amende de 50 livres ; mais le compagnon se plaint qu'il n'y ait pas réciprocité. Il peut être renvoyé sans délai, alors qu'il doit avertir le patron au moins huit jours à l'avance, sous peine d'être mis à l'amende et ramené de force par la maréchaussée ; il se plaint aussi qu'on lui donne plusieurs travaux différents, pour le retenir plus longtemps à l'atelier qu'il veut quitter ; ou bien, au contraire, que, lorsqu'on veut se débarrasser de lui, on confie à un autre une partie de la besogne qui lui avait été assignée (1723).

Ce qui suscite surtout ses réclamations et ses révoltes, c'est l'obligation de présenter au nouvel embaucheur un certificat signé de son dernier employeur. Il s'y dérobe autant qu'il peut; il lui arrive de changer de nom pour y échapper. Il déteste cette espèce d'assurance mutuelle des maîtres contre son humeur vagabonde et ses velléités d'indépendance. D'autant qu'elle s'aggrave de répressions autoritaires. On veut lui imposer en 1731 de s'inscrire à la police, d'indiquer tout changement d'atelier. Cette intrusion policière dans son existence lui répugne, et, de plus, il craint ceux qu'il appelle « les semeurs de billets », c'est-à-dire les patrons qui se communiquent les noms des mauvaises têtes, qui dressent de véritables listes noires empêchant les ouvriers ainsi mal notés de trouver du travail. En 1686, ils présentent un mémoire au Parlement contre ce procédé. Or, un siècle plus tard, en 1786, un ouvrier, à qui l'on a retiré la tâche commencée par lui, proteste, est renvoyé pour ce motif, n'obtient pas le certificat de congé dont il a besoin pour être embauché ailleurs et même est victime d'un billet qui avertit les maîtres de ne point l'admettre chez eux. Il intente un procès à l'auteur du billet : mais il est emprisonné durant vingt-trois jours, dont douze au secret, et nous le voyons réclamer pour ce fait des dommages-intérêts. Vaine réclamation sans doute ! Car au mois de septembre de la même année, un arrêt du Conseil condamne à l'amende plusieurs imprimeurs qui ont reçu dans leurs ateliers des compagnons n'ayant pas leur congé en règle.

Les maîtres ont toutefois prévu pour les ouvriers dociles et fidèles quelques institutions charitables : ce sont des ateliers de charité en cas de chômage ; des aumônes et des secours pour les familles tombées dans la misère ; des primes à ceux qui seront restés trente ans dans le même atelier. On les voit un jour fonder une papeterie pour occuper des sans-travail. Mais c'est en somme peu de chose et les compagnons aiment mieux compter sur eux-mêmes pour relever leur niveau de vie.

Cela fait comprendre pourquoi le compagnonnage survit à toutes les interdictions. Cette espèce de franc-maçonnerie ouvrière, obligée de se cacher, impose à ses adhérents une initiation compliquée, des épreuves redoutables, et leur donne pour se défendre des signes de reconnaissance et des mots de passe. Elle a ses légendes mystiques, ses rites symboliques où figurent baptême et communion, ses cérémonies étranges qui semblent parfois des parodies de celles de l'Eglise. Mais c'est avant tout une ligue d'assistance mutuelle et fraternelle qui rayonne sur tout le royaume et parfois au delà. Elle s'occupe du placement et des intérêts professionnels de ses membres, et, au besoin, elle organise des grèves, met à l'index les maisons qui n'acceptent pas leurs conditions, et même en interdit les villes où on la persécute.

Dans chaque ville importante, une auberge, tenue par un ménage (le Père et la Mère), est prête à recueillir les ouvriers nomades qui vont à travers la France en quête de travail et quelquefois d'aventures. La section de la ville vient à l'aide des arrivants. Le *rôleur* les enregistre; le *capitaine-placeur* s'efforce de leur trouver un emploi. S'il n'y a pas de place vacante, on fournit au passant un viatique ou secours de voyage. On le conduit solennellement sur le chemin qui doit le mener en quelque localité moins encombrée.

Malheureusement pour elle, l'association est divisée en deux groupes rivaux et ennemis : les Compagnons du Devoir, dits devoirants ou, par corruption, dévorants, dits aussi bons drilles et enfants de Maître Jacques; les gavots ou Enfants de Soubise. Les adhérents des deux rites ne peuvent se rencontrer sans se quereller, sans se battre; le tôpage, qui ne devrait être qu'un échange de mots de passe, devient synonyme de rixe. Et tel ouvrier, égaré dans une ville où domine la secte adverse, ou bien ayant lâché pied dans une lutte avec les patrons, en est chassé par ses camarades ennemis; on lui fait, avec accompagnement d'injures, de huées, de horions, la conduite de Grenoble. De la sorte, le compagnonnage perd la moitié de l'influence qu'il pourrait avoir; et pourtant il est une puissance redoutable et redoutée; il représente un rudiment de solidarité ouvrière; il forme un noyau de résistance à la suprématie patronale.

Quel rôle jouent dans cette lutte les ouvriers typographes ? Plus instruits que les autres (c'est le métier qui en est cause), ils paraissent avoir été fréquemment à la tête de ces premiers essais d'union des travailleurs. Bien que l'industrie du bâtiment ait fourni ses principales recrues au compagnonnage, il y a apparence que les compagnons imprimeurs n'y étaient point étrangers. Ce n'est pas sans raison que les maîtres les traitent de cabaleurs. En tout cas, dans une branche d'industrie intimement liée à l'industrie du livre, dans la papeterie, les ouvriers furent à la fois fort turbulents et solidement unis.

Ils ont obtenu là des avantages particuliers [1]. Nourris par les patrons, voici quel est en 1765 leur ordinaire, chez les frères Montgolfier, à Annonay. Trois repas par jour, avec vin trempé d'eau, afin qu'il ne leur monte pas à la tête; ils étaient, paraît-il, véhémentement soupçonnés d'un fort penchant pour la dive bouteille. Pain à discrétion; et, lors de certaines fêtes, des mets consacrés par l'usage : dinde au Nouvel An, oreille de cochon au Mardi-gras, jambon à la Mi-Carême, beignets aux Rameaux, carpe le Vendredi-saint, etc. Ils ont ce qu'ils appellent leurs *modes* : ainsi, quand l'un d'eux est

---

[1] Voir Germain MARTIN : *Les associations ouvrières au XVIIIe siècle.* (Paris, in-8°, 1900.)

congédié, il se rend, en suivant le fil de l'eau, dans le moulin le plus voisin où l'on fabrique du papier. A son arrivée, le travail cesse aussitôt. On fête le survenant en se grisant avec lui; et il en est ainsi dans chaque manufacture où il se présente jusqu'à ce qu'il réussisse à se faire embaucher.

Au dire des patrons, les ouvriers trouvent à chaque instant des prétextes à ripailles. L'apprenti, qui entre dans la carrière, doit payer cinq livres de bienvenue à ses camarades. Celui qui est reçu *compagnon* ou *garçon* doit leur offrir trente sols à sa réception, et leur payer quatre livres, quand il change d'emploi : il va sans dire que tout cet argent est employé en mangeaille et libations.

Malgré une existence qui ne semble pas trop dure, les révoltes sont fréquentes parmi ces ouvriers. Tantôt ils se plaignent de la longueur de la journée qui est de 16 heures et on les voit avec étonnement demander à commencer leur besogne à une heure du matin, afin de s'assurer un peu de liberté l'après-midi. Tantôt ils accusent la nourriture qu'on leur donne d'être de mauvaise qualité. Tantôt ils taxent leur salaire d'insuffisance. Et alors éclatent des grèves où ils infligent 60 livres d'amende au lâcheur qui continuerait à travailler, ou ils réclament l'expulsion des ouvriers étrangers, et par étrangers il faut souvent entendre ceux qui ne sont pas de la province, ou ils refusent de laisser travailler à côté d'eux des fils de fabricants à qui leur titre de fils à papa tient lieu d'apprentissage.

Ces compagnons papetiers sont fiers et hautains. Exempts comme leurs patrons de la collecté des tailles, de l'obligation de loger les gens de guerre et de tirer au sort pour la milice, ils défendent avec âpreté leurs prérogatives et punissent par de fortes amendes ceux d'entre eux qui consentiraient à en être privés. Les patrons essaient, en 1754, de fonder une association patronale qui leur résiste; les papetiers de la ville de Thiers rédigent des statuts d'une belle intransigeance : Art. 3 : Les papetiers pourront se servir de n'importe quels ouvriers à leur bon plaisir, sans que les compagnons puissent s'en plaindre... Art. 6 : Les papetiers pourront prendre tel ou tel nombre d'apprentis qu'il leur plaira. — Art. 7 : Les compagnons feront leurs journées complètes. — Cet essai ne paraît pas avoir réussi; car, en 1777, des lettres-patentes du 23 février constatent que « les ouvriers des manufactures de papier du royaume sont liés par une association générale, au moyen de laquelle ils arrêtent ou favorisent à leur gré l'exploitation des papeteries et par là se rendent maîtres du succès ou de la ruine des entrepreneurs. »

En somme, ouvriers papetiers et ouvriers imprimeurs furent, sous l'ancien régime, parmi les plus récalcitrants; et cela aussi, avec la cherté qui en résultait, ne fut pas étranger à la mort des corporations.

Mais c'est assez parler des compagnons. Il est temps de toucher à l'éternelle question des apprentis qui fut entre les compagnons et les maîtres un incessant sujet de discorde.

* *

Les Apprentis et les Alloués

Le contrat d'apprentissage semble avoir subi, depuis l'invention de l'imprimerie jusqu'à la fin de l'ancien régime, une importante évolution. Au début, comme au moyen âge, l'apprenti était un adolescent que ses parents ou tuteurs confiaient à un maître qui devait lui enseigner les secrets du métier. Le maître recevait pour cela une certaine somme ou un paiement en nature : nous en voyons un, en 1521, à Bordeaux, à qui l'on donne par an huit boisseaux de froment. En retour il s'engageait à loger, nourrir, vêtir, blanchir l'apprenti et, quand celui-ci avait fini son temps (trois ans en général), à lui remettre un brevet et souvent une paire de chausses valant un écu d'or. Si l'apprenti faisait une fugue, son temps était augmenté du double des jours qu'avait duré son escapade ; en cas de récidive, il était renvoyé et le maître avait le droit de réclamer des dommages-intérêts à la famille.

J'ai déjà dit comment les engagements ainsi contractés étaient assez mal tenus ; comment l'apprenti était, à moins d'être fils de maître, le souffre-douleur ordinaire de l'atelier, un petit domestique qu'on employait à toutes sortes de besognes et qu'on négligeait d'instruire. Je n'y reviendrai pas[1]; et je note seulement qu'au cours des siècles l'apprenti devient peu à peu un jeune ouvrier, pour lequel on ne paie presque plus rien et qui, au contraire, est utilisé moyennant un salaire modique par le maître peu soucieux de travailler à son instruction.

Mais, pendant ce temps, le sort des apprentis, que déjà l'édit de Gaillon avait voulu réglementer, donne lieu à une foule de discussions et de conventions entre compagnons et maîtres.

Les titulaires des deux grades supérieurs ont des intérêts opposés en ce qui concerne ces novices subalternes.

Les compagnons désirent qu'ils soient en petit nombre, afin que la main-d'œuvre ne soit pas dépréciée en devenant trop abondante. En 1649, par exemple, ils demandent qu'il y ait deux apprentis au maximum pour un atelier. Ils désirent encore — et c'est le même motif qui les guide — que l'apprentissage soit long; quatre ans, cinq ans ne leur semblent pas excessifs avant qu'ils soient admis à composer. Enfin, toujours pour la même raison, ils demandent (1649) que les apprentis soient instruits, qu'ils sachent le latin, qu'ils puissent même lire le grec, qu'ils soient obligés de présenter un

---

[1] RESTIF DE LA BRETONNE, qui fut apprenti chez un imprimeur d'Auxerre, a conté ses déboires dans *Monsieur Nicolas ou le Cœur Dévoilé* (Paris, 1794-97, 16 volumes in-12.).

certificat signé du recteur de l'Université. Tout cela est de nature à réduire le nombre des candidats.

Les maîtres, au contraire, pendant tout le XVIIe siècle, veulent qu'on leur permette de prendre autant d'apprentis qu'il leur plaît, et qu'on borne les connaissances exigées d'eux à savoir lire et écrire. C'est ce qu'ils obtiennent pour dix ans en 1654, au moment où ils ont pour eux l'autorité et se sentent les plus forts. De 1654 à 1664, ils font ainsi 297 apprentis. Ils diminuent aussi la durée de l'apprentissage, en accordant, moyennant finance, des remises, des abréviations du temps réglementaire, mesures frauduleuses contre lesquelles les compagnons protestent à chaque instant.

On est surpris, quand on aborde le XVIIIe siècle, de voir cette tactique des maîtres qui change subitement. En 1723, ce sont eux qui réclament la limitation du nombre des apprentis : un seul apprenti leur suffit. Bien plus, en 1724, en 1730, en 1737, ils décident de ne plus faire d'apprentis pendant six ans ; en 1741, en 1751, ils s'engagent à n'en pas faire durant dix ans. Quels sont les motifs de ce changement à vue ? Les voici :

Cela se lie à la limitation du nombre des imprimeurs qui est alors, comme nous l'avons vu, décrétée ; il faut empêcher de nouvelles maîtrises. C'est un des points sur lesquels les maîtres imprimeurs et les maîtres libraires ne sont pas d'accord, et cela se comprend, puisque le nombre des libraires n'est pas limité. Ce même désir de ne pas se créer de con-

currents, désir qui a rendu très difficile et presque
impossible l'accès à la maîtrise, sauf pour quelques
privilégiés, contribue à maintenir un vieil usage :
l'apprenti ne doit pas être marié. Il a beau avoir
vingt, vingt-cinq, voire trente ans, comme le cas
se présente, il lui est interdit de prendre femme
sous peine de voir son brevet annulé (en 1615,
en 1618, en 1649, en 1686, en 1723, en 1763, la
défense est renouvelée). On ne veut pas que la profession soit encombrée d'enfants qui pourraient y
entrer. On a pour recrues les fils et parents de
maîtres, cela suffit. Et, si l'on ajoute que, pour avoir
son brevet d'apprenti, il en coûtait, avec la taxe
(30 livres), avec le certificat de bonne vie et mœurs,
avec celui de catholicité, avec d'autres menus frais,
une somme totale d'environ 60 livres, on constate
que la question économique achevait de rendre
efficace la limitation voulue par les maîtres.

Un autre élément intervient pour accélérer ce
déclin de l'apprentissage : c'est l'apparition *des
alloués*.

Dans le dernier tiers du xviie siècle, en 1676, les
compagnons se plaignent de l'introduction dans les
ateliers de petits garçons qui sont chargés d'ouvrir
et de fermer les boutiques ; et, en 1687, ordre est
donné de mettre dehors des manœuvres qui sont
destinés à rester manœuvres, qui ne rentrent pas
dans les cadres de la corporation telle qu'elle était
constituée. Ces nouveaux venus sont les *alloués*.
Ils viennent souvent de l'étranger ; ce ne sont pas

toujours des enfants; beaucoup sont mariés, sont donc des hommes dans la force de l'âge. On ne leur demande aucune preuve de capacité : on les emploie aux besognes faciles qui n'exigent pas un apprentissage régulier. Ce sont, en conséquence, des travailleurs au rabais.

Malgré les efforts des compagnons, leur situation devient légale en 1713. Ils sont immatriculés, moyennant 10 livres seulement, sur les registres de la corporation. Le règlement de 1723 permet leur emploi, et bien plus ! en 1724, il est ordonné d'en avoir un ou deux dans chaque atelier. « Vous verrez qu'on y fera venir des nègres », disent les compagnons exaspérés. Ils voudraient du moins que ces ouvriers supplémentaires ne fussent embauchés que pour trois mois, six mois, un an au maximum, et que leur nombre fût limité. Les maîtres paraissent y consentir en 1750, mais ne changent rien à leurs procédés. Vainement, dans un mémoire de l'année 1757, les compagnons allèguent-ils que ces alloués sont environ cinq cents, qu'à cause d'eux 800 compagnons demeurent en chômage ou bien sont forcés de s'enrôler dans les imprimeries interlopes d'Arcueil, de la rue de Seine et de la rue du Temple. Vainement font-ils remarquer que la littérature et l'art typographique souffrent de l'ignorance de ces ouvriers, venus parfois d'un autre métier. Un prote, Momoro, imagine un projet singulier pour résoudre la question; il propose que chaque compagnon ait la faculté de prendre un élève qu'il formera et dont il percevra le bénéfice pendant un an ; la deuxième année, le bénéfice serait partagé entre l'ouvrier et son apprenti ; la troisième année, il le serait entre l'apprenti et le maître. Cette façon de revivifier l'antique apprentissage ne paraît pas mériter qu'on l'expérimente, et les alloués continuent à remplacer les apprentis, dont le nombre diminue dans la proportion même où augmente celui de leurs succédanés.

Le régime corporatif était, là aussi, vicié et atteint dans ses œuvres vives.

§ 4. — LA FIN DU RÉGIME CORPORATIF

Son glas sonnait depuis longtemps. Dans la seconde moitié du XVIIIᵉ siècle, un vent de liberté souffla sur l'Europe. Le grand commerce, las des entraves qui s'opposaient à son expansion, réclamait à cor et à cri la suppression des barrières qui le gênaient. Son mot d'ordre était : « Laissez faire, laissez passer. » En 1776, paraissait le fameux livre d'Adam Smith : *Recherches sur la nature et les causes de la richesse des nations.* C'était comme l'évangile de la nouvelle doctrine. Or la liberté du métier, comprise dans ce programme économique, c'était la mort de la corporation, telle qu'elle avait existé au moyen âge.

Turgot, en 1776, se chargea d'être l'exécuteur

d'un système vermoulu et croulant de toutes parts.
Jurandes et maîtrises étaient supprimées, en même
temps que, par une réaction excessive contre une
réglementation étroite, toute association profession-
nelle était interdite, aussi bien parmi les maîtres
que parmi les ouvriers.

Plusieurs exceptions étaient faites cependant à
cet arrêt de mort. L'une d'elles concernait précisément les imprimeurs. Pour des raisons politiques,
l'imprimerie, suspecte aux pouvoirs publics, demeurait assujettie à des règles particulières. Le dernier
règlement la concernant fut promulgué le 6 mai 1789,
au moment même où se réunissaient les États généraux.

Mais on sait que Turgot ne put tenir contre les
forces réactionnaires coalisées pour le renverser. Le
roi Louis XVI lui disait : « Il n'y a que vous et
moi qui aimions le peuple » et, huit jours après,
il le renvoyait. L'édit qui proclamait pour toutes
personnes, même pour les étrangers et pour les
femmes, la liberté d'embrasser en France telle profession que bon leur semblait, d'exercer deux métiers
si elles en avaient envie, sans être astreintes à
aucune limitation de leur outillage ou de leur personnel, fut entraîné dans la chute du ministre.

Il y eut alors un suprême effort pour rendre la
vie au régime corporatif. L'autorité royale, poursuivant son œuvre d'unification et de centralisation, essayait de soumettre l'industrie à sa surveillance et à sa suprématie. Déjà, en 1771, était apparu

un projet de faire acquérir par l'État toutes les imprimeries du royaume. Il n'en serait resté que 101 sur les 245 qui existaient dans le royaume — sans compter celles de Paris. Il eût été facile dès lors de surveiller ce qui sortait des presses ainsi réduites; et une partie des profits donnés par cette exploitation serait allée à la main-d'œuvre et aux auteurs.

Le même esprit policier se retrouva dans le règlement du 30 août 1777, qui tenta d'étendre à la France entière l'organisation de l'imprimerie parisienne. Les compagnons (c'étaient ceux dont on se défiait toujours) devaient faire inscrire à la Chambre syndicale de la région où ils travaillaient leur nom, leur surnom, la date et le lieu de leur naissance, leur domicile, le nom du maître qui les employait, le temps depuis lequel ils étaient chez lui. Après quoi, on leur délivrait, moyennant trente sols, un *cartouche* sur parchemin timbré du sceau de la communauté. Ce cartouche était, sous un autre nom, *le livret* qui devait être imposé plus tard à tout ouvrier.

L'imprimeur, quand le compagnon changeait de maître, devait par écrit consigner son consentement et la raison du départ. Les maîtres devaient faire connaître au commissaire de police l'état de leur personnel; le recensement devait en être fait une fois par an et les chambres syndicales devaient s'en communiquer le résultat.

Si l'on ajoute que la journée était allongée d'une

heure, que les syndics et adjoints étaient à la fois
juges et parties dans tous les différends qu'ils étaient
appelés à trancher; qu'ils étaient chargés de dis-
tribuer certaines sommes aux compagnons infirmes
et sans reproche, aux ouvriers malades et à ceux
qui étaient restés trente ans dans le même atelier
et dont l'exactitude et la probité étaient certifiées
par les maîtres, on comprend que l'assujettissement
des compagnons était cette fois à peu près aussi
complet qu'il pouvait l'être. L'un d'eux, critiquant
ce règlement, disait qu'ils n'avaient plus qu'à
quitter le pays et on a évalué à 10.000 environ par
an les ouvriers qualifiés qui, vers ce temps-là,
émigraient à l'étranger.

Quelle fut cependant l'attitude des maîtres et
des ouvriers, au moment où la France fut conviée à
rédiger pour les États généraux ces fameux cahiers,
qui, suivant l'expression de Tocqueville, furent « le
testament de l'ancienne société française ? »

Le 24 avril 1789, assez tardivement, la communauté des Libraires et Imprimeurs nomme en
assemblées générale 6 commissaires et 4 suppléants
pour rédiger ses doléances et ses vœux [1]. Il est à
remarquer qu'elle refuse de s'unir pour cela aux
six corps des marchands. Il est vraisemblable qu'elle
n'entendait pas s'associer aux vœux d'abolition
des jurandes et maîtrises que les commerçants
formulaient alors en immense majorité. Elle tenait

---

[1] RADIGUER. Ouvrage éifé, p. 132.

à ses privilèges; et le Cahier du Tiers, à Auxerre, réclame le maintien de la corporation pour ce qu'il nomme les « états de confiance », qui nécessitent une surveillance particulière au nom du public et de l'Etat et qui comprennent orfèvres, apothicaires, chirurgiens et imprimeurs [1]. Les maîtres de province paraissent ne souhaiter que de légères améliorations aux règlements existants : fusion des différentes branches du métier là où elle n'est pas réalisée, réduction des droits de douane à l'entrée des matières premières et, en particulier, du papier [2].

Quant aux compagnons, nous n'avons pas de recueil précis de leurs desiderata. Les ouvriers n'étaient pas admis à formuler leurs demandes à côté de celles des patrons. C'est dans des brochures, n'ayant point de caractère officiel, qu'on peut tâcher de saisir ce qu'ils avaient au fond du cœur. Signalons surtout : *Pétition de 150.000 ouvriers et artisans de Paris — Doléances du pauvre peuple — Cahier du quatrième ordre.* Là, ces parias du quatrième Etat, qui se sentent en opposition d'intérêts économiques avec le Tiers, se plaignent de n'être pas représentés, de n'avoir pas voix au chapitre dans la grande consultation nationale. Comment les riches pourraient-ils représenter les pauvres ? C'est avec ce sentiment de l'inégalité sociale que

---

[1] Voir à ce sujet Roger PICARD : *Les cahiers de 1789 et les classes ouvrières* : (Paris, Marcel Rivière et Cⁱᵉ, 1910).

[2] Marseille et Limoges (Imprimeurs et relieurs).

la classe ouvrière aborde les grands événements qui se préparent. Elle a comme le pressentiment d'une révolution qui sera surtout bourgeoise.

Mais jurandes et maîtrises, qui n'étaient plus que l'ombre d'elles-mêmes, allaient disparaître au premier souffle de cette révolution; et une ère nouvelle commencer pour les métiers à la fois affranchis et livrés à l'individualisme.

DEUXIÈME PARTIE

CONDITION POLITIQUE ET SOCIALE
DES TRAVAILLEURS DU LIVRE

———— ●

L'histoire de l'imprimerie (c'est son honneur et c'est aussi une des raisons de l'intérêt qu'elle présente) se lie étroitement à l'histoire intellectuelle et politique de l'humanité. Il nous faut donc suivre en France les rapports du livre et de la presse périodique avec les puissances ecclésiastiques et civiles.

CHAPITRE PREMIER

RAPPORTS DE L'IMPRIMERIE
AVEC L'ÉGLISE ET LES POUVOIRS PUBLICS

§ I. L'AGE D'OR

L'Eglise commença par la combler d'éloges et de faveurs. Elle la considéra, non sans raison, comme une grande propagatrice de la doctrine chrétienne. On lit dans une chronique allemande de la fin du xve siècle [1] : « Que d'élévations vers Dieu, que d'intimes sentiments de dévotion ne doit-on pas à la lecture de tant de livres dont l'imprimerie nous a dotés ! Que de précieuses et saintes exhortations se trouvent dans les sermons qu'on publie ! Quelles grâces Dieu ne fera-t-il pas à ceux qui impriment des livres ou aident d'une façon quelconque à ce travail ! » Les imprimeurs étaient appelés par le théologien Wimpfeling « hérauts de l'Évangile, prédicateurs de la vérité et de la science ». Des indulgences spéciales étaient accordées par les évêques aux typographes et aux libraires, et Wimp-

---

[1] Chronique de KŒLHOFF, citée par J. JANSSEN. *L'Allemogne et la Réforme.* — Tome I de la traduction française.

[2] JANSSEN, *ibidem.*

feling disait encore, en 1507 : « Nous autres Allemands, nous dominons presque tout le marché intellectuel du monde civilisé. Mais aussi nous n'y offrons guères que de nobles productions, qui ne tendent qu'à la gloire de Dieu, au salut des âmes et à l'instruction du peuple [1] ».

Ce n'était pas seulement dans le pays qui fut son berceau que l'imprimerie rencontrait pareil accueil auprès du clergé. En Italie, les papes l'encourageaient, les monastères la pratiquaient; Paul II l'introduisait à Rome; un de ses successeurs appelait auprès de lui et retenait pendant plusieurs années le plus illustre des imprimeurs italiens, Alde Manuce. En France, née dans la Sorbonne, fille de l'Université de Paris où la Faculté de théologie avait alors la place d'honneur, elle était bien vue des évêques et des prêtres. Des moines, des curés figurent parmi les premiers imprimeurs. Ceux-ci rééditaient les ouvrages scolastiques et mystiques du moyen âge. Ils mêlaient de prières leur besogne. Ils avaient conscience, comme dit Michelet, de faire œuvre sainte. Leur confrérie n'était-elle point placée sous l'invocation de saint Jean-Porte-Latine, « le plus haut des secrétaires évangélistes de Notre-Seigneur, le scribe des mystères de Dieu [1] ». L'imprimerie, âgée de cent ans, obtenait encore en 1541 cette approbation officielle qu'elle ne méritait plus : elle travaille « à l'honneur

---

[1] JANSSEN, *ibidem*.

et louange de Dieu notre créateur, à la manutention, soutènement et dilatation de la sainte foi catholique et sainte chrétienté par l'universel monde ».

Les relations avec les autorités laïques n'étaient pas moins bonnes. En Allemagne, Gutenberg était devenu gentilhomme de la cour de Nassau. Les imprimeurs portaient l'épée comme les nobles. L'empereur Maximilien s'était montré d'autant plus accueillant pour eux qu'il avait pris rang parmi les auteurs ; il avait écrit un poème allégorique (*Theuerdank*) où il racontait sa propre vie et il l'avait fait luxueusement imprimer. En France, Louis XI, pressentant la portée de l'invention nouvelle, avait soutenu ceux qui l'introduisaient dans son royaume contre la haine jalouse des copistes et enlumineurs ; il avait accepté la dédicace des premiers livres imprimés sortis de la Sorbonne. Son fils, Charles VIII, en confirmant les privilèges accordés par ses prédécesseurs à l'Université de Paris, y comprenait les libraires et imprimeurs. Louis.XII, à son tour, en 1513, les exemptait d'un impôt de 30.000 livres et de tous droits de péage sur les volumes qu'ils faisaient circuler en France. « Attendu, disait l'édit royal, la considération du grand bien qui en est advenu en notre royaume au moyen de l'art et science d'impression, l'invention de laquelle semble être plus divine qu'humaine..., par laquelle notre sainte foi catholique a été grandement augmentée et corroborée, la justice mieux entendue et administrée et le divin service plus honorablement et plus sérieusement fait, dit et célébré. [1] »

François Ier, qui créait des imprimeurs du roi, allait de temps en temps visiter dans son atelier l'un d'eux, Robert Estienne, et un jour que celui-ci était occupé à corriger des épreuves, le roi daignait attendre pour ne pas l'interrompre dans une opération aussi importante.

On prenait même la peine de protéger les imprimeurs, qui étaient en même temps libraires-éditeurs, contre les dangers de la contrefaçon en leur accordant pour un certain nombre d'années le droit exclusif d'imprimer et de vendre tel ou tel ouvrage. C'est ce qu'on nomma un « privilège ». Le Sénat de Venise, en 1469, autorisait Jean de Spire à être le seul, pendant cinq ans, qui pût mettre en vente les œuvres de Cicéron, de Pline et de tous les auteurs qu'il pourrait éditer durant ce temps. En 1509, Louis XII octroyait un monopole semblable à Antoine Vérard pour les *Epîtres de saint Paul*, commentées en français par un docteur en théologie. Les Parlements, surtout celui de Paris, distribuaient, eux aussi, des privilèges, parfois en spécifiant le prix au-dessus duquel l'ouvrage ne pourrait être vendu.

Il semblait donc qu'un accord parfait régnât entre l'imprimerie et les autorités. Mais comment se

---

[1] ISAMBERT. *Recueil général des anciennes lois*, tome XI, p. 642.— Voir aussi Paul MELLOTTÉE. *Histoire économique de l'imprimerie*, p. 36

trouve-t-il rompu ? C'est ce que nous allons rechercher, en élargissant notre vision, en étendant notre regard sur le milieu environnant; l'histoire de l'imprimerie se lie ici intimement à celle du mouvement intellectuel européen.

§ 2. — Premières luttes avec l'Église
Etienne Dolet

Ce fut avec l'Église que le dissentiment commença.

La résurrection de l'antiquité classique qu'on a baptisée du beau nom de Renaissance se manifesta par un engouement inouï, non seulement pour le talent littéraire ou artistique, mais aussi pour les idées des anciens. Les humanistes, comme on appela les érudits de ce temps-là, ne se contentèrent pas de dédaigner leur langue maternelle, d'écrire et de parler les langues mortes, de traduire leur nom en grec ou en latin. Ils devinrent des amoureux fanatiques de ces grands hommes qui sortaient pour eux du tombeau. Les princesses du temps, qu'elles se nomment Sforza, Marie Stuart ou la reine Margot, se piquent d'apprécier et, au besoin, de trousser une belle harangue latine. Les Cicéroniens, pasticheurs de Cicéron, forment une secte quasi religieuse. Ils pourraient être embarrassés, quand ils rencontrent des idées modernes à exprimer, surtout quand ils ont à parler des dogmes et mystères de la religion chrétienne. Mais ils imaginent un moyen bien simple

de se tirer d'affaire. Dieu le Père deviendra Jupiter ;
la vierge Marie, la déesse Diane ; le Saint-Esprit,
Mercure. Nous possédons une encyclique pontificale
qui convie, au nom de Mercure, tous les peuples
chrétiens à marcher contre les Turcs. Plus tard le
poète Sannazar faisait annoncer la venue du Christ
par le vieux et multiforme Protée. C'étaient là
simples façons de parler qui ne tiraient pas à conséquence ; les lettrés italiens savaient mettre au
point ces réminiscences. Seulement elles scandali-
saient ceux qui venaient d'outre-monts, les Français et les Anglais quelque peu, mais surtout les
Espagnols et les Allemands. Cela leur paraissait
une résurrection du paganisme, un retour idôla-
trique aux divinités de l'Olympe.

La chose devint plus grave, quand ce fut au tour
des écrivains grecs de reparaître au jour. Or parmi
les auteurs édités à Venise par la dynastie des
Manuce on comptait, non seulement des poètes
comme Hésiode, Sophocle, Euripide, Théocrite,
non seulement des historiens comme Hérodote et
Xénophon, mais ces grands railleurs Aristophane
et Lucien et surtout ce philosophe que le moyen
âge n'avait connu que travesti et défiguré, Aristote.
De longue date le grec avait une mauvaise réputation en Occident. C'était une langue schismatique,
la langue de cette Eglise d'Orient qui n'avait
jamais voulu accepter la suprématie du pape, qui
avait gardé obstinément ses rites particuliers et
se rattachait au patriarche de Constantinople.

Savoir le grec, en Allemagne, fut longtemps regardé comme une hérésie.

Les poètes grecs apportaient avec eux des peintures très vives de l'amour et des scènes de mœurs fort affriolantes. Mais ce n'eût été là que demi-mal. Les mœurs du moyen âge, moins raffinées, n'étaient guère plus pures, et les œuvres de Boccace, de Machiavel, de l'Arioste, comme nos vieux fabliaux féconds en gauloiseries, avaient en fait de liberté de langage égalé les anciens. Seulement ce qui était plus grave aux yeux de l'Eglise, c'est que du tombeau sortaient en même temps les anciennes doctrines philosophiques. Elles n'avaient rien d'orthodoxe et pour cause ; elles ne disaient mot de la création ni du péché originel ; elles discutaient librement l'immortalité de l'âme et, qui pis est, elles paraient de grâces séductrices leurs opinions impies. Aristote avait pressenti et enseigné la rotondité de la terre, ce qui était une opinion hérétique. Platon avait émis des théories que l'Eglise réprouvait. Et c'était bien autre chose, quand on voyait reparaître, à travers Lucrèce, les invectives d'Epicure contre la religion et sa morale du plaisir ou bien les mordantes ironies de Diogène le chien.

. Or en Italie chaque école philosophique retrouvait des adeptes : Platon était révéré comme un saint par les Platoniciens de Florence, qui ne manquaient pas de fleurir son buste au jour anniversaire de sa mort. Ne vit-on pas, en plein marché, un étrange personnage se promener une lanterne à la main, en quête d'un homme? C'était un duc devenu disciple de Diogène et imitant son maître. Dans la haute société italienne, sous l'afflux de ces idées antiques, s'opérait une désagrégation de la foi chrétienne. Il se créait un état d'esprit, non pas violemment hostile aux croyances traditionnelles, mais, ce qui était peut-être plus dangereux pour elles, une incrédulité railleuse qui à Rome même s'étalait en pleine lumière. Les seigneurs et les riches disaient en allant aux offices : « Faisons cela pour le peuple ! » — On avait entendu des cardinaux dire : « A quoi sert la messe? » — Les pèlerins d'outre-monts (et il ne faut pas oublier que parmi eux figurèrent Erasme et Luther) revenaient en leur pays effarés de ce dilettantisme élégant et moqueur qui s'affichait jusque dans l'entourage du pape. Ajoutons que les pontifes du moment n'engendraient guère la vénération : c'était Alexandre VI Borgia, dont le nom est resté synonyme de vice et de crime; c'était Jules II, beaucoup plus honnête, mais pape guerrier qui vivait le casque en tête et l'épée à la main.

Un nouveau coup porté à la sainte simplicité des croyants fut l'impression des livres hébreux. Il y avait là pour les fidèles quelque chose d'horrible, de monstrueux. N'était-ce pas la résurrection du judaïsme? La Kabbale, le Talmud n'allaient-ils pas saper la base du christianisme? Pouvait-on laisser courir les écrits du peuple qui avait crucifié le Christ? Il est à noter que, vers la fin du xve siècle, un fort courant d'antisémitisme traversa l'Europe. Les Israélites furent, en Espagne et au Portugal, dépouillés, brûlés, finalement chassés, persécutés en Italie; on les vit errants et fugitifs dans tous les pays qui bordent la Méditerranée. Leurs livres allaient-ils être épargnés, quand leurs personnes n'étaient pas en sûreté?

Il se trouva qu'un moine, nommé Hochstraten et appartenant à l'ordre de Saint-Dominique qui a créé l'Inquisition, se trouva en ce temps-là recteur de l'Université de Cologne. Il fulmina contre les livres juifs, ouvrages de perdition, et somma l'Empereur Maximilien de les brûler. L'Empereur crut devoir consulter l'hébraïsant allemand qui était le mieux en état de les apprécier et qui professait dans l'Université de Heidelberg. Il s'appelait Reuchlin, mais suivant l'usage du temps, comme firent Erasme, Mélanchton, Œcolampade, il avait traduit son nom en grec et s'était fait connaître sous le vocable de Capnion. Reuchlin donc ou Capnion s'opposa de toutes ses forces à l'auto-da-fé barbare réclamé par le moine, son confrère. Cité devant le tribunal de l'Inquisition, il en appela à l'empereur et au pape. La guerre était allumée entre les Universités rivales, entre les moines et les humanistes. L'imprimerie lui donna un retentissement inattendu; elle lui apporta aussi un dénouement imprévu.

Voici qu'au plus fort de la querelle se répandent sur les bords du Rhin des lettres anonymes intitulées *Epistolae obscurorum virorum*. C'était, en apparence, un plaidoyer en faveur des moines brûleurs ; en réalité, un pamphlet cinglant contre leur ignorance et leurs sauvages procédés. Ces épitres (on sait aujourd'hui qu'elles étaient l'œuvre d'Ulrich de Hütten) mirent les rieurs du côté des humanistes. Leur cause fut gagnée, non sans peine. On peut dire que ce fut la première victoire de la presse. Mais dès lors les Universités, les moines, l'Eglise s'aperçurent que l'imprimerie était une arme dangereuse qui pouvait leur faire plus de mal que de bien.

Ce n'était pas tout. Les livres de piété eux-mêmes allaient devenir inquiétants. Les éditions des Pères de l'Eglise grecque et de l'Eglise latine (saint Augustin, saint Jérôme, saint Jean Chrysostome) faisaient saillir des différences éclatantes entre le christianisme des premiers siècles et ce qu'il était devenu au cours des ans. Les travaux des historiens, de Laurent Valla par exemple, inspiraient des doutes violents sur l'authenticité des décrétales des papes et sur la prétendue donation de Constantin à l'Eglise de Rome. Enfin la confrontation des différents évangiles faisait ressortir soit des passages mal compris et mal traduits jusqu'alors, soit des contradictions entre les textes sacrés. Les érudits cherchaient à rétablir les versions altérées : mais quel scandale ! Se permettre de corriger les livres révélés, de redresser Dieu, de rectifier le Saint-Esprit ! Les traditionnalistes criaient au sacrilège. L'effet de ces discussions savantes n'en était pas moins produit. Par ce seul fait qu'ils prétendaient ramener l'Ecriture à sa pureté primitive, les plus pieux de ces correcteurs donnaient des leçons de doute et d'indépendance; ils ébranlaient l'édifice que la plupart d'entre eux croyaient sincèrement consolider.

Chose curieuse ! Ce furent les innombrables éditions de la Bible, publiées alors, qui eurent l'effet le plus destructeur sur la foi naïve. Les prêtres avaient d'abord invité les fidèles à la lire. Le conseil ne fut que trop suivi à leur détriment; non seulement les lecteurs y rencontraient des assertions contradictoires, mais bientôt ils se mirent à l'interpréter, à la commenter, à la discuter, à en tirer par eux-mêmes et pour eux-mêmes, sans le secours des théologiens et des curés, des règles de conduite, des préceptes d'action politique et sociale.

Le clergé ne fut pas long à sentir le péril. C'est en Allemagne, précisément parce que ce pays était le plus croyant, étant le plus récemment converti, que le péril saute aux yeux des gens prudents. L'Official de Trèves (on appelait ainsi un juge ecclésiastique délégué par l'évêque pour exercer en son nom une juridiction contentieuse) se surprend à dire : « La Bible ! c'est un texte à toute glose, une étoffe qui se prête à tout vêtement, un arsenal où tout novateur a pris ses armes. » Brandt, jurisconsulte, poète, auteur de la *Nef des fous*, navire très peuplé où il embarqua princes, bourgeois, évêques et moines, s'épouvantait de voir en matière religieuse la bride lâchée à l'esprit critique. Mais il avait beau répéter : « Crois purement et simplement ce que la Sainte Eglise t'enseigne ! Ne te laisse pas prendre aux doctrines subtiles que ton esprit ne peut comprendre ! — Il avait beau conseiller à ses contemporains de ne pas mettre un couteau dans la main des enfants, parce qu'ils se couperaient avec. Il avait beau dire que, pour commenter les livres saints, il faut avoir étudié, de même qu'il faut avoir fait son apprentissage pour fabriquer des souliers, une foule de demi-lettrés, de demi-savants se ruaient à la lecture et au commentaire de la Bible.

On entendait déjà en Allemagne d'étranges prédications, qui rappelaient Jean Huss, iniquement et inutilement brûlé à Constance. Par exemple, dès 1481, Jean Wesel, professeur à Erfurth, attaquait les indulgences et s'écriait en chaire : « Je méprise le pape, l'église et les conciles et je loue le Christ. — Il disait encore : Saint Pierre, qui était pêcheur de son métier, n'a inventé le carême que pour écouler ses poissons. » Les sectes se multipliaient dans l'Empire dès le commencement du xvie siècle (1500-1515) et, lorsque Charles-Quint sera nommé empereur, les électeurs de Mayence et de Saxe pourront lui annoncer qu'un incendie immense menace de dévorer l'Allemagne.

A ces méfaits des livres sacrés mis imprudemment entre toutes les mains, il faut adjoindre ceux que commettaient les écrits des satiriques du temps. Erasme, le plus européen des écrivains d'alors, fut aussi le plus puissant de ces démolisseurs. Il avait, dans une sorte de pamphlet intitulé : *Anti-bar-bares*, vilipendé, ce qui était une vieille tradition, les moines de toute couleur et il les avait accusés d'être cause que les Allemands, élevés par eux, passaient partout pour des bêtes. Plus tard, dans son *Eloge de la Folie*, où cette reine du monde énumère tous les sujets qu'elle possède sur terre, il s'attaquait aux théologiens, hauts et redoutables seigneurs. Je n'en citerai qu'un fragment pour faire saisir le ton dont il raille les docteurs angéliques et séraphiques, gloires de la scolastique : « Voici les questions dignes de ces grands maîtres, des maîtres illuminés, comme ils disent..... ! Dieu a-t-il pu s'unir avec une femme, un âne, une citrouille, un caillou? En cas que Dieu se communiquât à la nature citrouillière, comme il a fait à la nature humaine, comment cette heureuse et divine citrouille prêcherait-elle, ferait-elle des miracles?..... Sera-t-il permis de manger et de boire après la résurrection? Ce doute tient fort à cœur à ces messieurs; ce sont gens qui prévoient de loin la faim et la soif. »

On le voit, c'est déjà presque la moquerie voltairienne et çà et là éclatent des mots qui annoncent la Réforme. Certes, dit-il, si les apôtres revenaient, ils seraient bien empêchés de répondre à ces théologiens : « Les apôtres baptisaient à tort et à travers, ils n'enseignaient pas ce que c'est que la cause formelle, matérielle, efficiente, finale du saint baptême ! Ils adoraient Dieu dans le sens de l'Évangile qui dit : Dieu est esprit et il faut l'adorer en esprit et en vérité. — Il ne leur avait pas été révélé qu'une image de Jésus, charbonnée sur le mur, devait être adorée comme Jésus même. »

Les grelots de la Folie retentirent dans toute l'Europe, d'autant que l'ouvrage, plein de verve et d'esprit, paraissait en outre illustré par le grand peintre Holbein. Erasme fut effrayé du succès, démesurément grossi par l'imprimerie. Il n'avait pas la vocation du martyre. Menacé de l'Inquisition, il recula. Il déclara qu'il avait voulu badiner, égratigner et non blesser. Mais il n'en était pas moins vrai qu'il avait pondu les œufs que Luther allait couver et faire éclore.

Nous sommes-nous éloignés de l'imprimerie en contant ces aventures des esprits les plus hardis de l'époque? Point du tout. Il est aisé de comprendre après cela pourquoi elle apparut à l'Église comme un glaive à deux tranchants et rencontra dans les Universités, surtout dans les Facultés de théologie, des ennemis acharnés qui invoquèrent contre elle le bras séculier et travaillèrent à la brouiller avec les rois.

§ 3. — Premières luttes avec les pouvoirs civils

Deux causes ont contribué à tourner les pouvoirs civils contre l'invention qui avait à son aurore excité leur enthousiasme.

Ce fut d'abord, dans tous les pays qui restèrent catholiques et aussi dans la plupart de ceux qui devinrent protestants, l'action des Églises constituées réclamant des persécutions contre ceux qui ne pensaient pas comme la majorité. L'opinion qui dominait alors dans l'un et l'autre camp était que des gens de confessions différentes ne pouvaient vivre en paix sous les mêmes lois. Il est à remarquer que le premier qui formula nettement l'idée neuve de la liberté de conscience pour tous les citoyens d'un Etat fut Castellio ou Châtillon qui avait été prote d'imprimerie : peut-être n'est-ce pas un fait indifférent qu'il ait appartenu à la corporation qui eut le plus à pâtir de l'intolérance en matière de foi.

Le second motif qui détermina les autorités fut la peur du désordre qu'engendraient les querelles religieuses, le sentiment du danger que faisaient courir aux souverains, aux seigneurs et même à la haute bourgeoisie certaines théories sociales et certains actes violents des sectes nouvelles.

Chez les catholiques, l'appel à la répression des écrits suspects, qui était de tradition, fut renouvelé dès 1515 au Concile de Latran. Les princes y étaient invités à censurer les ouvrages paraissant dans leurs Etats. Quand la Réforme eut éclaté en Allemagne, ces excitations à l'adresse du pouvoir temporel devinrent naturellement plus pressantes. En 1530, le légat du pape Campeggi, parmi les mesures qu'il réclame de l'Empereur Charles-Quint, n'a garde d'oublier la guerre aux livres et l'extension du tribunal de l'Inquisition. Le Concile de Trente, dès ses débuts[1], décide que les auteurs devront soumettre à l'examen des évêques leurs écrits, dès qu'ils toucheront à la religion et à la morale, et que les imprimeurs ne pourront les éditer sans une permission spéciale émanant de l'autorité ecclésiastique. Il décide que la Vulgate (traduction latine de la Bible) sera seule autorisée, que les typographes devront donner à son texte toute la perfection possible, mais que toute tentative pour l'interpréter sera passible de l'amende, de la prison et du bûcher. Logiquement, en 1562, cette crainte de toute pensée hétérodoxe aboutit[2] à la création d'un Index qui doit énumérer tous les livres qu'il est défendu aux catholiques de lire et à la nomination d'une commission de dix-huit membres chargée de dresser cette liste noire.

Bien avant qu'elle ait paru, les Facultés de théologie dénoncent et tourmentent écrivains, imprimeurs et libraires. Deux recteurs, l'un de l'Université de Paris, l'autre de l'Université de Vienne en Autriche, essaient de proscrire de l'éducation les auteurs grecs et latins. Le Saint Office de Lyon poursuit Etienne Dolet dont un des crimes est d'avoir imprimé la Bible en langue vulgaire, et, quand il aura échappé plusieurs fois, il sera repris pour avoir

---

[1] 4e Session, 1546.
[2] 18e Session.

introduit des volumes venant de Genève, pour avoir
publié la traduction d'un dialogue de Platon où
l'un des interlocuteurs dit à l'autre : « Après la
mort, tu ne seras plus rien. » Il sera étranglé
et brûlé sur la place Maubert. Robert Estienne,
Robert Ier (car il faut numéroter les membres de
cette dynastie d'imprimeurs) soutient un duel
épique avec la Sorbonne, accusé par elle d'avoir
introduit dans ses annotations de la Bible des propositions entachées d'hérésie. Des années se passent
sans qu'il puisse obtenir qu'on précise les passages
incriminés ; il se plaint d'être seul à se défendre
contre des loups enragés ; sauvé par la protection
de François Ier, il ne se sent plus en sécurité sous
son fils et succeseur et, en 1551, il s'enfuit à Genève
avec la plus grande partie de sa famille.

Le respect de la pensée indépendante n'est pas
plus en honneur chez les protestants. Le roi d'Angleterre, qui se sépare de Rome pour divorcer et qui
devient chef de son Eglise nationale, persécute
impartialement luthériens et papistes. En 1550,
à Westminster, à Oxford, les bibliothèques sont
purgées des livres de philosophie scolastique ;
on les brûle solennellement ; c'est ce qu'on appelle
célébrer les funérailles de Duns Scot, qui fut un des
illustres théologiens du moyen âge. Au Concile de
Trente, le cardinal de Lorraine déplore que les
ouvrages les plus réputés des siècles précédents,
les monuments les plus vénérables des archives
ecclésiastiques soient en maint endroit de France

saccagés, incendiés, détruits par les huguenots.
A Genève, Calvin est à peine installé que la surveillance des opinions et des mœurs est soumise à
un double contrôle : c'est le Conseil, représentant
l'autorité civile, et le Consistoire, représentant l'autorité religieuse. Dès 1540, est exigé le dépôt préalable de toute copie à imprimer et la prescription
est renouvelée en 1559 « à peine de la vie ». Un
étudiant sera fouetté pour avoir été trouvé en possession des œuvres de Rabelais et des poésies de
Catulle. Le roman d'*Amadis des Gaules* sera proscrit et saisi : attendu qu'il ne contient que « mensonges et resveries ». On sait ce qu'il en coûta au
médecin Servet d'avoir émis des doutes sur la Sainte
Trinité, et maintes fois les imprimeurs les plus
dévoués à la Réforme devaient être exclus de la
cène ou mis à l'amende pour avoir négligé de sol-
liciter l'approbation des deux corps ombrageux qui
se chargeaient de la discipline morale et intellectuelle dans la Rome protestante.

Il est inutile, je pense, de démontrer plus longue-
ment que la passion religieuse fut l'inspiratrice des
sévérités civiles. Mais le souci de défendre l'orthodoxie n'eût pas toujours et partout suffi pour déci-
der les princes à sévir. Il a fallu encore autre chose.

Sans doute, dans le Midi de l'Europe, qui demeure
foncièrement catholique, les souverains n'ont pas
besoin de motifs politiques pour combattre les
hérétiques. Les papes, cela va de soi, sont au premier rang dans la lutte et ils mettent sur pied une

milice sacrée où figurent des ordres nouveaux de moines, théatins, barnabites, capucins, jésuites. L'Espagne, plus papiste que le pape, acharnée à se défaire des Maures et des Israélites, institue à ses frontières une douane très rigoureuse contre les livres qui peuvent ébranler les croyances. Dès l'année 1522, Charles-Quint, empereur, mais aussi roi d'Espagne, a entamé aux Pays-Bas la persécution des réformés : ordre de les dénoncer et d'enterrer vivants, non pas seulement ceux qui seront surpris à lire les livres luthériens, mais les personnes qui ne les auront pas dénoncées; une mère sera punie ainsi pour n'avoir pas dénoncé son fils.

Toutefois, dans les pays qui forment le centre de l'Europe, là où se rencontrent le courant réformé qui vient du Nord et le courant catholique qui vient du Sud, les peuples, et avec eux leurs chefs, sont hésitants, partagés entre la tradition et les idées nouvelles. La France est au nombre de ces contrées mixtes qui se débattent entre les deux conceptions du monde et de la vie dont le choc remplit l'Europe de bruit et de sang. Elle sera par là même le théâtre et l'enjeu d'une terrible bataille religieuse; par là même aussi elle permet de suivre les oscillations du pouvoir civil.

François Ier n'est pas un fanatique. Il a une naturelle facilité de caractère; il incline vers la tolérance, tout au moins vers un certain laisser-aller. Sa sœur, Marguerite, âme tendre, qui voudrait allier la Renaissance à une Réforme modérée, qui passe aisément des contes mondains aux livres édifiants, qui appelle autour d'elle les plus libres esprits du temps comme Rabelais et Marot, pousse à la douceur envers les protestants français; aussi, dans les premières années de son règne, le roi les défend-il contre le clergé, contre le Parlement, contre les effervescences de la dévotion populaire. Mais, fait prisonnier à Pavie, il reste de longs mois en Espagne, et, pendant ce temps, la reine-mère qui gouverne fait ou laisse brûler à Nancy un cordelier et couper en morceaux l'ouvrier Leclerc qui, en juillet 1525, a brisé à Metz une statue de la Vierge.

A son retour, le roi trouve un de ses gentilshommes, Berquin, que les théologiens ont fait emprisonner et condamner à mort; il le délivre avec l'aide des archers de sa garde. Il se prononce avec énergie contre ceux qu'il appelle les pédants crasseux de Sorbonne, surtout contre leur meneur, qui est le recteur Béda ou Bédier. Il confie l'éducation d'un de ses fils à un prêtre qui sent quelque peu le fagot; il consent que Zwingli lui dédie son livre : *De la vraie et de la fausse religion.*

Qu'est-ce donc qui va modifier ses dispositions ? Des événements extérieurs qui se passent en Italie et en Allemagne, et qui ont leur contre-coup en France.

En Italie, c'est le sac de Rome par une armée en partie luthérienne où l'un des capitaines d'aventure portait au cou une chaîne d'or avec laquelle il voulait, disait-il, étrangler le pape. En Allemagne,

Luther avait dit : « Lisez assidûment la parole de Dieu ! » Et il avait lancé une superbe traduction de la Bible en langue vulgaire. En 1533, les éditions s'en comptaient par dizaines ; il en avait paru 17 à Wittenberg, 13 à Augsbourg, 13 à Strasbourg, 12 à Bâle, etc. Or qu'on se figure les effets de cette lecture sur des intelligences frustes ! Les anciens avaient un proverbe : « *Timeo hominem unius libri.* Je crains l'homme qui n'a lu qu'un seul livre ». Et ici quel était ce livre unique offert en pâture aux esprits ? Un livre sacré, qui leur était donné comme une révélation du Tout-Puissant, qui acquérait par cela même une autorité irrésistible, qui s'imposait comme règle à toutes les actions humaines ! Un livre qui, reflétant les mœurs d'un autre temps, se présentait sous un double aspect ; dur et sauvage dans l'Ancien Testament, tendre et mystique dans le Nouveau et prêchant l'égalité des hommes devant Dieu, le sacrifice des biens de la terre ; d'où par suite, chacun, selon son tempérament doux ou violent, pouvait tirer des conséquences politiques et sociales très différentes, mais en tout cas fort contraires à ce qui existait alors en Europe.

Il ne faut pas s'étonner si, parmi ces lecteurs passionnés de la Bible, il y en eut qui aboutirent à des conclusions révolutionnaires. Luther avait beau crier : « Je suis venu affranchir les âmes et non les corps. » Il ne manqua pas de logiciens pour étendre au temporel ce qu'il voulait confiner dans le spirituel. Des mineurs en Saxe, des paysans en Alsace s'élevèrent contre les privilèges féodaux, contre le servage, contre le droit de chasse réservé aux seigneurs. Des châteaux furent brûlés, des nobles massacrés. Il fallut prêcher contre ces révoltés une croisade où catholiques et luthériens marchèrent côte à côte. Les insurgés furent vaincus, brisés. Mais l'insurrection renaissait bientôt plus formidable. Dans les villes des Pays-Bas, sur les bords du Rhin, dans les villes d'Amsterdam, de Leyde, de Munster, parmi les cordonniers et les tailleurs, ouvriers sédentaires fort accessibles aux rêves de justice sociale, Thomas Münzer et les anabaptistes firent de nombreuses recrues. Or les anabaptistes n'instituaient pas seulement un second baptême à l'âge de raison ; ils prétendaient recevoir directement l'inspiration du Très-Haut, comme les prophètes. Ils prêchaient l'égalité, non plus au ciel, mais sur terre. Ils ne voulaient plus qu'il y eût deux classes d'hommes, les uns fait pour jouir et les autres pour travailler. Ils déclaraient que chacun doit être rétribué selon son travail et ses besoins. Ils n'admettaient plus ni temples, ni images. Ils abolissaient le mariage, proclamaient l'amour libre, entendaient mettre en commun tous les biens et toutes les jouissances.

Munster, ville épiscopale, devint leur centre et leur capitale. Maîtres du Conseil municipal, ils instauraient une nouvelle constitution. Ils faisaient apporter à la maison de ville l'or, les tableaux, les livres. L'or était conservé, parce qu'il pourrait servir d'échange. Les tableaux étaient brûlés, comme des monuments d'idolatrie. Les livres étaient détruits comme inutiles, puisqu'on avait la Bible. Ils essayaient ensuite d'organiser le travail : l'égalité de droits entre les corporations était proclamée ; une seule sorte de pain devait être fabriquée ; tous les habits devaient être de la même étoffe et de la même couleur ; toutes les portes devaient avoir la même serrure.

Ce communisme théocratique fut prêché de Hambourg à Strasbourg, depuis 1526 jusqu'en 1535. L'émotion de l'Allemagne fut extrême. Le prince de Waldeck, évêque de la ville de Munster, vint l'assiéger, assisté des princes voisins. Les premières attaques furent repoussées et Matthias le prophète fut tué : mais il fut aussitôt remplacé par Jean de Leyde, ancien garçon tailleur. Celui-ci veut établir le règne de Dieu, et alors se développe cette espèce de folie qui est commune dans les villes assiégées. Jean de Leyde s'arroge la dictature ; il ne consulte plus le Conseil ; il est roi en Israël et il veut avoir la somptuosité de David et de Salomon. Il ne paraît plus que vêtu d'un costume splendide ; il rend la justice, escorté d'un bourreau qui exécute sur-le-champ ses sentences. Il applique le code biblique dans toute sa férocité. Une femme qui a plaisanté de sa royauté est mise à mort et les fidèles dansent une ronde autour de son cadavre. Un homme est décapité, parce qu'il a le malheur de ressembler au portrait traditionnel de Judas Iscariote. Jean de Leyde épouse la veuve de Matthias, qui était elle-même prophétesse; il a deux femmes, puis bientôt un grand nombre d'autres, un véritable harem. Il institue des repas publics où il assiste avec son cortège féminin, distribue le pain aux frères et aux sœurs, communie ainsi avec eux.

Cependant le siège, interrompu pendant quelques mois, avait repris. Les anabaptistes se défendirent héroïquement; hommes et femmes combattirent à l'envi. Mais la famine, des révoltes, des trahisons vinrent à bout de leur résistance. L'enceinte forcée, il fallut enlever les rues barricadées, faire le siège de chaque maison. Jean de Leyde fut pris enfin dans l'hôtel de ville et jugé : il embarrassa plus d'une fois ses juges par les arguments qu'il tirait de l'Ecriture; mais il fut condamné à être pendu entre deux de ses disciples qui eurent des potences moins élevées.

Les anabaptistes étaient écrasés : mais leur souvenir resta vivace et servit d'épouvantail aux mains de ceux qui avaient intérêt à cultiver la peur. Les anabaptistes furent vraiment les bolchevistes de ce temps-là.

Ces scènes tragiques, dont l'écho retentissait en France, donnaient à réfléchir à son roi. Il avait perdu en 1527 son bon ange; sa sœur Marguerite, mariée au roi de Navarre, s'en allait à Nérac, où sa cour fut une sorte d'abbaye de Thélème. Puis deux événements qui se passèrent près de François Ier eurent sur son humeur autant d'influence que ce départ de l'amie des Réformés.

En 1528, à Paris, le 30 mai, une statue de la Vierge était mutilée : les Polyeuctes iconoclastes abondaient parmi les sectateurs de la Réforme. Aussitôt démonstrations populaires dans les rues, processions expiatoires auxquelles le roi prend part et où l'on maltraite plusieurs personnes soupçonnées de mal penser ; condamnation du luthéranisme par une assemblée du clergé, miracles et supplices. Berquin, abandonné par son souverain, est brûlé en 1529.

Cependant le roi, qui est l'allié des Turcs et des protestants d'Allemagne, qui crée le Collège royal contre la Sorbonne, est enclin à l'indulgence pour les protestants de France. Il est d'ailleurs exaspéré par les criailleries des étudiants catholiques qui obéissent aux excitations du recteur Béda. En 1533, comme Marguerite de Navarre a publié un livre, le *Miroir de l'âme pécheresse*, où elle a oublié de parler du purgatoire, elle est représentée sur les tréteaux du collège de Montaigu (vrai collège de pouillerie, disait Rabelais), sous les traits d'une Furie qu'il faudrait mettre dans un sac et jeter à la Seine. François Ier menace alors d'aller en personne châtier ces insulteurs et il fait arrêter le meneur de la bande qui est Béda.

Mais, le 18 octobre 1534, une incartade des protestants précipite le roi dans l'autre sens. Un matin, au château de Blois, sur la porte même de sa chambre, il trouve affichés des placards qui sont dirigés contre la messe et le somment de prendre parti contre le catholicisme. Il est outré de cette insolence ;

puis, s'il en faut croire des traditions contemporaines, quelqu'un lui aurait dit en faisant allusion à la constitution démocratique des églises presbytériennes : « Prenez garde, Sire. Pas d'évêque, pas de roi. » Suivant d'autres témoignages, on lui aurait fait entendre un son de cloche analogue : « Qui change de religion peut aussi changer de prince. »

Toujours est-il qu'il jette feu et flammes, fait saisir et brûler les afficheurs de placards, et va jusqu'à déclarer que, s'il savait un membre de sa famille atteint et gangréné par l'hérésie, il en baillerait volontiers le sacrifice à Dieu. Parmi ceux qu'il offre en holocauste à la Sorbonne, figurent alors un pauvre paralytique qui lit les livres luthériens, un imprimeur qui les édite, un libraire qui les met en vente. Ils sont brûlés et avec eux les pièces de leurs procès, pour que nul n'ait la tentation de les réhabiliter.

C'est sous le coup de cet accès de colère que François Ier interdit, sous peine de la hart, toute impression de livres en France. Le roi, que des historiens flatteurs ont surnommé le Père des lettres, interdisant l'imprimerie, s'efforçant de la tuer ! Quelle résolution folle ! J'ai tâché de la rendre compréhensible. Ajoutons tout de suite qu'elle ne fut pas mise à exécution. Le Parlement, qui en plusieurs circonstances avait poussé aux mesures de rigueur, se montra cette fois, plus pondéré que le monarque. Il refusa d'enregistrer cet édit draconien. Guillaume Budé, Jean du Bellay firent des représentations au roi qui se ravisa et annula en 1536 ce qu'il avait ordonné en janvier 1535.

Pauvre volonté inconsistante, le roi promet alors amnistie aux familles qui ont fui le royaume, si elles veulent revenir. Il consent que Calvin lui dédie son *Institution chrétienne.* Il fait emprisonner au Mont-Saint-Michel Béda qui n'en sortira plus. Il semble vouloir réparer ses torts à l'égard des imprimeurs : en 1538, il les exempte des gardes bourgeoises, de peur que ce service ne les trouble dans leur profession et ne les porte à l'abandonner. Il leur donne raison contre les revendications de leurs ouvriers; il les assure de sa bienveillance et de sa protection.

Malheureusement, il était dit que, jusqu'au dernier moment, la conduite de François Ier resterait flottante et incohérente. A partir de 1539, malade, affaibli, usé, il tombe sous la domination de Diane de Poitiers, beauté et cœur de marbre, femme d'affaires, qui est l'amie des Guises et a partie liée avec eux. Il laisse les chefs du parti catholique ordonner en son nom aux Parlements de poursuivre les gens suspects d'hérésie et aux curés de prêcher la délation comme une chose méritoire (1540). Il laisse son poète Clément Marot partir pour un exil définitif (1543). Il laisse odieusement massacrer (1540-1546) les Vaudois des vallées des Alpes. Il laisse exécuter l'imprimeur Dolet (1546). Cent cinquante familles françaises s'enfuient à Genève où l'on en comptera bientôt quatorze cents.

La mort de François Ier, en 1547, marque la victoire de l'intolérance et l'oppression de la pensée indépendante en France. Le nouveau roi, Henri II, qui hérite de la puissance et de la maîtresse de son père, accorde dès son avènement à la Faculté de théologie plein pouvoir pour visiter, examiner et censurer les livres concernant la religion et il fait défense à quiconque d'avoir en sa possession ceux qui auront été réprouvés par elle. En 1551, l'édit de Châteaubriand renforce les sévérités contre les réfugiés et contre les lecteurs de livres défendus : le tiers de leurs biens sera donné à ceux qui les dénonceront. Les Guises, avec Diane de Poitiers, obtiennent la concession des biens qui se trouvent vacants par suite du départ de leurs possesseurs ; c'était un énorme morceau du royaume qui tombait de la sorte entre leurs mains.

Ainsi, en l'espace d'un siècle, l'imprimerie naissante a eu son âge d'or et son âge de fer ; après une période paisible où elle a été admirée, prônée, magnifiée par tout le monde, elle a connu presque aussitôt une période agitée où elle a eu ses héros et ses martyrs [1]. Elle apparaît dès lors lancée en pleine mêlée. Entre elle et les détenteurs du pouvoir, entre ceux qui veulent désentraver l'expression et l'expansion de la pensée au moyen de la presse et les repré-

---

[1] Libraires, relieurs, imprimeurs, considérés comme suppôts de l'Université, sont, par diverses lettres patentes, exemptés de tailles, aides, levées de deniers, logement des gens de guerre, de tutelles, curatelles et autres charges publiques, de l'allumage des lanternes, etc.

sentants de la discipline religieuse et sociale était engagée une lutte, qui a duré plusieurs siècles, qui, malgré des victoires éclatantes, mais incomplètes des principes de liberté, dure encore atténuée et durera peut-être autant que les sociétés humaines.

§ 3. — L'IMPRIMERIE DE 1550 A 1610
ROBERT ET HENRI ESTIENNE

La seconde moitié du xvie siècle est une époque ardente, tourmentée, tumultueuse, chaotique. Les hommes de ce temps-là ne se contentent pas d'avoir découvert et conquis un nouveau monde; ils ont des velléités d'en faire un dans la vieille Europe. Ils sont animés d'un esprit d'innovation qui porte sur toutes les branches de la pensée et de l'activité humaines. Ils entendent réformer les conceptions et les institutions religieuses et politiques, alors étroitement solidaires les unes des autres; ils aspirent à rénover la littérature, la langue, l'éducation, les arts, la science, qui, à la suite de Copernic et de Galilée, élargit à l'infini l'univers, qui, à la suite de Paracelse, d'Ambroise Paré, de Bernard Palissy, travaille par l'observation et l'expérience à pénétrer les secrets de la nature.

Mais, comme toujours, les forces qui poussent au changement se heurtent aux forces qui tendent à maintenir ce qui est; et alors entre l'avenir et le passé se déchaîne une bataille terrible, pleine de fureurs, d'assassinats, de massacres en masse, de représailles ; c'est de ce siècle finissant qu'on a pu dire qu'il est une robe de soie et d'or tachée de sang.

Nous n'avons à mettre en lumière que le rôle de l'imprimerie dans cette lutte tragique. Il est immense. Gros livres de théorie, et, à côté de cette artillerie lourde, libelles anonymes ou pseudonymes qui paraissent en prose et en vers, en français et en latin, placards affichés sur les murs, estampes venues d'abord d'Allemagne et de Flandre, mais bientôt fabriquées en France : il y a là pour tous les partis un arsenal où foisonnent les armes de la polémique, railleries, parodies, injures, calomnies et aussi vérités plus redoutables que les pires inventions de la haine.

Des poètes de cour, par exemple ceux de la Pléiade, échappent d'abord à l'emprise des passions environnantes. Mais ceux-là même sont bientôt, à commencer par Ronsard, entraînés dans l'engrenage qui fait de tous les écrivains d'alors des hommes de combat ; et leurs confrères huguenots, comme d'Aubigné ou Du Bartas, n'aiment guère que la poésie militante.

La question religieuse, qui prime en ce temps-là toutes les autres, est celle qui suscite le plus de colères et d'écrits. Protestants et catholiques se jettent à la tête des in-folio et des pamphlets de tout genre.

Les protestants ont été les premiers assaillants. Satires violentes contre le pape, la messe, les reliques, le purgatoire, le culte des saints, le jeûne, chansons insultantes que l'on chante en allant à la bataille; psaumes mis en musique par Goudimel; épître adressée au Tigre de France qui est le cardinal de Lorraine; récits de la Saint-Barthélemy sortent en foule de leurs presses. Les Estienne et Conrad Badius, allié à leur famille, sont les grands artisans de cette propagande et ce dernier publie la *Cuisine papale*, type de ces productions où la farce et la théologie fraternisent. Genève, qui devient avec Calvin la Rome protestante, est l'officine inlassable d'où tout cela sort avec d'innombrables éditions de l'Ancien et du Nouveau Testament.

Ecoutez Michelet [1] : « Trente imprimeries, jour et nuit, haletaient pour multiplier les livres que d'ardents colporteurs cachaient sur eux, faisaient entrer en Italie, en France, en Angleterre, aux Pays-Bas. Missions terribles ! Ils étaient attendus, épiés. Pour le seul fait d'avoir sur eux un Evangile français, ils étaient sûrs d'être brûlés. C'est alors que l'imprimerie fit ces deux efforts admirables : la *Bible* en un volume, un petit volume, aisé à cacher, et les *Psaumes français, avec la musique interlinéaire...* En touchant ce qui reste encore de ces vieilles éditions, ces volumes tachés, usés dans les prisons, et qui souvent, jusqu'au bûcher, firent l'office de confesseurs et soutinrent la foi des martyrs, on est tenté de s'écrier : « O petits livres ! petits livres ! pauvres témoins des souffrances de la liberté religieuse,

---

[1] *Histoire de France.* Vol. XI, p. 97.

soyez bénis au nom de la liberté sociale !... »

Lisez, comme commentaire à ces paroles, la liste des petites gens qui furent massacrés en 1562, dans une sorte de répétition générale de la Saint-Barthélémy, laquelle devait avoir lieu dix ans plus tard : vous y rencontrez à chaque pas ces indications : imprimeur, colporteur, libraire. C'est grâce à l'armée des colporteurs, pénétrant parmi le petit peuple des villes et des campagnes, que la Réforme se répandit en France, suivant deux grandes voies fluviales, au nord la vallée de la Marne, au sud celle du Rhône.

J'ai déjà dit que la République réformée n'était pas plus que les autorités des pays catholiques clémente aux ouvrages qui s'écartaient de son credo. Ils y étaient soumis à une double censure, celle du Conseil, qui représentait le pouvoir civil, celle du Consistoire, qui exerçait le pouvoir religieux. Dès 1540, on exigeait de tout imprimeur le dépôt préalable de la copie à imprimer et, en 1559, la prescription était renouvelée « à peine de la vie ». Ce qu'on poursuivait, ce n'était pas seulement tout livre entaché de papisme ou suspect de libre pensée ; c'était aussi tout passage qui pouvait choquer les bonnes mœurs et l'austérité puritaine. Les plus illustres des réfugiés n'échappèrent point à ces rigueurs de la pudibonderie calviniste.

Si nous nous transportons dans le camp catholique, nous voyons ceux qui sont à la tête d'abord étonnés, défiants de la science et de la lecture, comprendre bientôt qu'ils doivent porter le combat sur le terrain intellectuel. « C'est par là que cette misérable Genève nous a surpris », dira saint François de Sales et Ronsard écrira de même que, pour venir à bout de l'ennemi,

Il faut en disputant par livres le confondre,
Par livres l'assaillir, par livres lui répondre.

Il devait plus tard réclamer contre lui :

Bonne poudre, bon plomb, bon feu, bons pistolets.

Les deux procédés n'étaient pas contradictoires. Les Jésuites ne dédaignèrent pas le premier. Résolus à reconquérir les âmes, en faisant l'éducation des fils de nobles et de bourgeois riches, ils eurent aussi leurs presses, qui s'établirent surtout aux Pays-Bas, alors soumis à la domination du très catholique roi d'Espagne, et alors que s'amortissait la fougue primitive des réformés, ils eurent à leur tour leurs bravi de plumes, leurs pamphlétaires sacrés. Le Père Garasse, a conquis une certaine célébrité comme insulteur truculent et intarissable.

Mais l'autre moyen, qui consistait à frapper les livres et ceux qui les écrivaient, les imprimaient, les vendaient ou les colportaient, était plus efficace et largement employé. Le Concile de Trente avait fixé sur ce point la doctrine de l'Eglise catholique et le bras séculier était requis pour mettre à exécution ses décrets.

En Espagne et en Italie, point d'hésitation. En 1558, Philippe II, le grand chef de la restauration catholique, décrète la peine de mort contre quiconque introduira dans son royaume ou sera surpris à lire des livres hérétiques, ou même, comme l'avait déjà ordonné son père Charles-Quint, ne dénoncera pas les personnes coupables de ces crimes. En Italie, on brûle ces livres et pour les saisir, on fouille les bibliothèques publiques et privées. On interdit de les citer, même quand on leur emprunte un passage : le silence est le meilleur des étouffoirs. En 1557, le pape Paul IV met à l'index 61 imprimeries et défend de lire tout ouvrage qui en sortira. Cela créait bien une assez grosse difficulté; pour réfuter les hérétiques, il fallait les avoir lus. Or cette lecture était interdite aux prélats, légats, cardinaux, rois, voire à l'empereur. On se tirait d'embarras en accordant des autorisations spéciales qu'il fallait demander et qui étaient souvent refusées [1].

Quant aux livres nouveaux, dont le destin n'est pas encore décidé, ils sont soumis d'abord à l'Inquisition, qui se charge le plus souvent de les dénoncer et de les poursuivre, puis déférés à la Congrégation de l'Index, qui doit les juger. Or cette congrégation devint vite une administration compliquée et, avec une lenteur toute administrative,

---

[1] Consulter Charles DEJOB; *De l'influence du Concile de Trente sur la littérature et les beaux-arts chez les peuples catholiques*. (Paris, Thorin, 1884).

elle laissait passer des mois et des mois avant que
libraires et auteurs pussent savoir si leurs livres
étaient innocents ou criminels. Lorsqu'enfin l'examen était terminé, si le livre n'était pas réprouvé
en bloc, on collait des papiers sur certains passages,
on effaçait les noms de certains auteurs mal pensants
indûment mentionnés, on expurgeait surtout avec
énergie. On procédait à coups de ciseaux; et l'opération atteignait parfois les écrivains les plus inat-
tendus. Que Marot, Rabelais, Montaigne fussent
ainsi censurés, il n'y avait pas lieu de s'en étonner.
Mais, en 1662, Dante était amputé : on supprimait
les invectives qu'il n'a pas épargnées aux papes,
ses contemporains. Pétrarque et l'Arioste étaient,
eux, transfigurés ou défigurés, comme on voudra,
spiritualisés, christianisés. L'amour divin prenait
chez eux la place de l'amour terrestre. Le Tasse,
dans sa *Jérusalem délivrée*, était obligé de retou-
cher l'épisode d'Armide, l'histoire d'Olinde et de
Sophronie. Au nom d'une décence qui était chose
assez nouvelle à la cour pontificale, on condamnait
les peintures voluptueuses qu'avait prodiguées la
Renaissance, on voilait les nudités que ses peintres
avaient étalées : un peintre mérita d'être appelé
le culottier de Michel-Ange. On condamnait de
même les grivoiseries qui abondent dans la littérature italienne depuis Boccace jusqu'à Machiavel
et l'Aretin.

Toutefois, quand on regarde de près les ouvrages
censurés, on s'aperçoit que la Congrégation de

l'Index pratiquait ses coupures et ses remaniements en se plaçant au point de vue de la considération due à l'Eglise et à ses ministres. Ainsi dans les contes de Boccace, revus et corrigés par elle, le moine devient un étudiant; l'abbé, un professeur; les abbesses galantes sont transformées en bourgeoises. La grivoiserie subsiste; mais l'honneur de l'Eglise est mis à l'abri.

Fait plus curieux encore ! Les plus ardents avocats de la cause catholique reçoivent des coups de férule. Muret, un Français, qui fit l'apologie de la Saint-Barthélemy, et fut professeur à Rome, n'obtient pas la permission de lire Zosime, écrivain byzantin du ve siècle, parce que le chroniqueur n'a pas été favorable aux empereurs chrétiens. Baronio, le défenseur le plus outré de la suprématie des papes, est censuré, empêché de publier un de ses ouvrages, parce qu'il n'a pas pu l'écrire sans citer des hérétiques. Le cardinal Morone, qui vit dans l'entourage du pontife, est emprisonné un instant comme suspect d'hétérodoxie.

Cela va si loin que le chapelain de Philippe II, Valverde, s'inquiète d'une nouvelle édition de l'Index qu'on prépare en 1584 et se plaint de ces gens ignorants, qui, ne sachant ni le grec, ni le latin, condamnent souvent ce qu'ils n'ont pu ni lire ni comprendre. Un savant très orthodoxe, Latini, écrit à un ami : « N'avez-vous rien appris du péril qui menace tous les livres ? Ou bien, à quoi rêvez-vous, de vouloir publier de nouveaux ouvrages, à l'heure où l'on nous interdit presque tous les ouvrages existants[1] ? »

Les libraires et les muletiers se refusent à vendre ou à transporter les livres, sans une permission en règle, signée des autorités ecclésiastiques, tant ils ont peur d'avoir affaire au Saint-Office. Le fait est qu'on imaginait d'étranges griefs. A l'écrivain Paleari on reprocha d'avoir supprimé l'initiale de son prénom, la lettre T qui figure la croix, suppression qui pourrait bien être un symptôme de huguenoterie.

Les résultats de ces persécutions étaient faciles à prévoir. Les esprits indépendants se taisent ou cherchent un biais pour faire deviner leur pensée. Ils recourent à une tactique qu'ils pratiqueront durant deux cents ans. Ils exposent, par exemple, toutes les objections que peut provoquer un dogme ; puis ils les condamnent expressément, mais après les avoir exposées de façon que le lecteur soit incliné à conclure dans le sens contraire. Quant aux imprimeurs, ils n'impriment ouvertement que des volumes de tout repos, quitte à publier clandestinement des ouvrages d'autre nature.

En France, les choses ne se passent pas aussi facilement. Sans doute, en 1563, l'ordonnance de Mantes, signée du roi Charles IX, défend « de publier, imprimer, faire imprimer aucuns livres, lettres, harangues ou autres écrits sans la permis-

---

[1] Ch. DEJOB, *ouvrage cité*, p. 74.

sion dudit seigneur roy, sous peine d'estre pendus et estranglez », et elle édicte « que ceux qui se trouveront attachans, avoir attaché ou semé aucuns placards, seront punis de semblables peines. » En 1566, l'ordonnance de Moulins exige, pour qu'un livre soit imprimé, l'approbation et le privilège dûment estampillés du sceau royal. Mais sans compter que la France hésite et se partage entre les deux formes de la religion chrétienne, que des moines, des évêques, des cardinaux même y passent à la Réforme avec des grands seigneurs, des magistrats des princes de la famille royale, l'Inquisition et les décrets du Concile de Trente ne parviennent pas à y obtenir une existence légale. Puis la censure des livres y dépend de plusieurs pouvoirs, Université, Parlements, Conseil privé du roi, qui sont loin d'être toujours d'accord et laissent certaines fissures par où peut se glisser l'indépendance de la pensée.

C'est ce qui explique pourquoi ce grand rieur de Rabelais, qui sentait fort le fagot, put passer, je ne dis pas sans péril, mais sans grave mésaventure, à travers les fanatismes rivaux qui se heurtaient et, proclamant l'un, l'infaillibilité d'un concile et d'un homme, l'autre l'infaillibilité d'un livre, se réunissaient pour combattre le libre examen et les révoltes de la raison. C'est pourquoi aussi le scepticisme souriant, mais destructeur pour les croyances, d'un Montaigne put dans la tourmente apparaître comme un conseilleur de tolérance religieuse.

Toutefois, il ne faudrait pas s'imaginer qu'imprimeurs et auteurs ont eu alors leurs coudées
franches. Marot, le gentil Marot, est réduit à s'exiler.
Dolet meurt étranglé, puis brûlé, sur la place Maubert. Robert et Henri Estienne mènent une vie en
partie double, moitié en France, moitié à l'étranger.
Quelques traits empruntés à la biographie de ces
imprimeurs justement célèbres montreront parmi
quels écueils ils devaient louvoyer et quels secours
puissants, mais éphémères, ils pouvaient espérer [1].

Dolet d'abord auteur, puis imprimant ses œuvres
et celles d'autrui, compte sur la protection de
François Ier, dont il a exalté les faits et gestes. Mais
caractère impétueux et combatif, il a le tort d'être
fécond en épigrammes contre les moines, les théologiens et ce qu'il appelle la Sorbonnaille. Il ose se
moquer de l'Inquisiteur Orry, qui fonctionne à Lyon
et il expie ses imprudences par quinze mois de
prison. Il est sauvé par le Parlement de Paris,
auquel il en a appelé. Pierre du Châtel, évêque de
Tulle et bien vu du roi, récite devant ses juges la
parabole de la brebis égarée que le bon Pasteur
prend sur ses épaules et dérobe à ses ennemis. Le
Cardinal de Tournon reproche son attitude à
l'évêque qui lui répond : « Nous sommes ici deux
prêtres d'opinion contraire. Mais l'un remplit le
devoir d'un prélat : c'est moi ; l'autre fait le métier

---

[1] Consulter BOULMIER. *Etienne Dolet.* (Paris in-16, 1857). — Jacques
ALARY : *Etienne Dolet et ses luttes avec la Sorbonne* (Paris, in-8°, 1898).

de bourreau; c'est vous. » Il l'emporte; Dolet est gracié; on ne brûle cette fois que ses livres, en particulier une Bible qu'il a eu l'audace de publier en langue vulgaire, malgré la défense de l'Eglise.

Mais quelques mois plus tard, en 1544, il est accusé d'avoir reçu de Genève un ballot de volumes hérétiques. Il prétend qu'on les lui a envoyés à son insu. Etait-il aussi innocent qu'il disait? En tout cas il est jeté derechef en prison; il s'évade de ce second enfer, passe en Italie, puis en revient pour voir les siens. Arrêté, transféré à Paris, il doit répondre à une nouvelle accusation; il a publié une traduction de Platon où Socrate dit à Axiochos : « Après la mort, tu ne seras rien. » Négation de l'immortalité de l'âme; crime contre la doctrine chrétienne; il n'a pas réprouvé cette maxime. On lui fait attendre deux ans la sentence. Elle est enfin rendue. C'est la pendaison, après quoi son corps sera brûlé. Il entonne, en quelque sorte, son chant de mort, dans des vers qu'il écrit au fond de sa cellule et le 3 août 1546 il marche courageusement au supplice, martyr, non du protestantisme (car Calvin le répudie au même titre que Rabelais et Servet), mais de la pensée indépendante.

Moins tragique, mais tout aussi accidentée est la vie de Robert Estienne[1], qui vécut de 1503 à 1559

---

[1] Sur les ESTIENNE, voir l'article de FIRMIN DIDOT, (Nouvelle bibliographie générale),

et connut également la faveur fragile des princes et les persécutions des théologiens.

Ce formidable travailleur, qui avait la passion et la coquetterie de son art ; que François Ier venait visiter en son atelier, où il daigna, dit-on, attendre un jour que l'imprimeur était occupé à corriger des épreuves ; qui eut le titre d'imprimeur du roi pour le latin, le grec et l'hébreu ; qui avait conquis une renommée européenne, eut le malheur de publier une édition latine du Nouveau Testament avec quelques corrections de texte ; puis il récidiva, en donnant une Bible latine (version de saint Jérôme) avec des variantes et un index. Il persévéra en publiant successivement 11 éditions de l'Ancien Testament en latin, en hébreu, en français, et 12 éditions du Nouveau. Aussi, dès 1532, la Sorbonne dirigeait-elle contre lui un assaut. Le motif allégué était que les annotations avaient un parfum d'hérésie. François Ier arrêta les poursuites.

Mais, en 1540, nouvelle attaque, où l'on fait des perquisitions dans sa maison pour s'assurer qu'il n'y cache pas des livres défendus venant d'Allemagne ou de Genève. On blâme de nouveau ses annotations et Robert Estienne réclame des précisions. Quelles sont les annotations qui sont blâmées ? On ne veut point les lui faire connaître : on préfère les condamner en bloc.

Au cours de la bataille, paraissent des catalogues où ses Bibles sont mêlées à des livres notoirement hérétiques. Robert Estienne se plaint qu'on ait

fait fabriquer ces catalogues à Louvain sans son
assentiment et le roi défend, à sa demande, qu'on
les reproduise en France. Il ordonne en même temps
à la Sorbonne d'indiquer de façon nette les passages,
qui, à son avis, méritent la censure dans les Bibles
incriminées. Mais il faut croire que les théologiens
n'étaient pas très sûrs d'eux-mêmes ; qu'ils crai-
gnaient de joûter. avec un érudit abondamment
fourni de savoir et armé d'une bonne plume. Ils
tardent tant qu'ils peuvent, tant que François Ier a
un souffle de vie. ·

Mais, une fois le roi mort, les choses vont changer
de face. Robert Estienne imprime l'oraison funèbre
de son protecteur défunt, composée par l'évêque du
Châtel, suspect de modérantisme. Or l'évêque a
dit que François Ier est allé droit au ciel. La Sorbonne crie à l'hérésie. Le roi a dû pécher ; donc il
a dû passer par le purgatoire. Va-t-on supprimer
le purgatoire, comme font les huguenots ? Les courtisans se moquent de cette prétention des Sorbon-
nicoles à connaître les mystères de l'au-delà. L'un
d'eux s'écrie en riant : « Le roi était d'humeur
voyageuse ; s'il a été au purgatoire, il n'y sera resté
qu'un moment, le temps de boire le coup de l'étrier. »
Mais les théologiens n'étaient pas en humeur de
plaisanter et réprouvaient de compagnie l'évêque
et l'imprimeur. .

Cependant le nouveau roi, Henri II, reste d'abord
fidèle à Robert Estienne. Il renouvelle aux gens de
la Sorbonne l'ordre de mettre au net et au jour

leurs censures. Ils tardent encore et se résignent enfin à énumérer 46 articles qui, suivant eux, doivent être supprimés ou corrigés. En voici quelques échantillons :

Annotation : Nous avons le seul Dieu pour notre refuge.

Censure : Cette annotation est luthérienne, détournant les chrétiens d'avoir recours à la benoîte Vierge et aux Saints.

Annotation : Dieu auteur des biens et des maux.

Censure : Cette annotation, en prenant indistinctement le nom d'auteur, est *hérétique et blasphématoire*.

En même temps, Robert Estienne était accusé d'athéisme et d'avoir écrit que les âmes sont mortelles. On sait, par l'exemple de Dolet, où menait cette accusation. Robert Estienne nie énergiquement et ose à peine insinuer que la croyance à l'autre vie n'était pas une croyance juive. Il en appelle au *Conseil privé* du roi.

Le Conseil, où figuraient des évêques, des cardinaux, le chancelier, avec des seigneurs nommés par le roi, était une des autorités qui disputaient à la Faculté de théologie le droit de censurer les livres. Devant lui comparurent des docteurs de la Sorbonne comme accusateurs et Robert Estienne comme accusé. Il se défendit si bien qu'il obtint une sentence favorable. Sur les 46 articles inculpés, évêques et cardinaux n'en trouvèrent que cinq ou six à corriger.

Les théologiens ne se tinrent pas pour battus. Ils continuèrent à dénoncer en chaire Robert Estienne, à prêcher contre sa Bible ; et, tout en protestant de leur respect pour le *Conseil privé*, ils demandèrent que les articles innocentés par celui-ci fussent soumis à la Chambre ardente, une Chambre du Parlement, spécialement créée pour juger les délits et crimes d'hérésie.

Le roi s'y opposa. Mais le courant de l'intolérance catholique devenait de plus en plus fort. Le Cardinal de Lorraine, qui un instant avait réclamé le mariage des prêtres, cessait d'étendre sur Robert Estienne la protection de son manteau rouge. La situation devenait pour lui très périlleuse. Fallait-il se soumettre ou s'en aller à l'étranger pour éviter le bûcher ? Il hésitait. On lui conseilla un compromis. Il promettait de ne plus rien publier sans l'aveu de la Faculté de théologie et il obtenait, en retour, d'Henri II des lettres patentes qui le mettaient à l'abri des poursuites pour le passé.

Mais il était sans doute possédé du désir diabolique de publier ce qu'il croyait être la vérité. En 1550, il éditait le Nouveau Testament grec sans l'avoir soumis aux théologiens. Ceux-ci fondirent aussitôt sur le nouvel ouvrage. Deux docteurs — commis pour l'examiner — déclarèrent qu'il ne pouvait être mis en vente, à cause des annotations mises en marge qui n'étaient, d'ailleurs, que des variantes empruntées à d'autres versions. Robert Estienne voudrait bien recourir encore au roi et à son entourage. Mais la cour voyage. Comment la suivre dans ses pérégrinations à travers les châteaux de la Loire ? Et, de plus, la cour elle-même inclinait de plus en plus vers l'intransigeance catholique. Le roi avait jeté un plat à la tête de Dandelot qui s'était permis une raillerie contre la messe.

C'est alors, en 1551, que Robert Estienne, à contrecœur, mais soucieux de sa liberté et de sa vie menacées, se décide à quitter Paris, sa ville natale, et la France, sa patrie qu'il honorait, et son atelier d'imprimerie où il laissait le meilleur de son âme. Il prenait ses précautions pour n'être pas dépouillé de ses biens ou arrêté en route. Il mettait son établissement sous le nom de son frère et de ses enfants mineurs. Il faisait partir secrètement ses fils plus âgés, l'un pour Lausanne, un autre pour Venise, un autre pour Strasbourg; et lui-même partait pour Genève, emportant ses fonds et une bonne partie de son matériel, en particulier les caractères fondus par Garamond — ce que ses adversaires lui imputèrent comme un vol, bien qu'il n'eût pris avec lui que les matrices en laissant les poinçons à Paris.

Ses biens furent séquestrés en France; mais, en 1552, des lettres de rémission étaient accordées à ses enfants, à condition qu'ils rentreraient en France et dans le giron de l'Eglise catholique.

Quant à lui, réfugié à Genève, professant ouvertement la Réforme, il y fondait une imprimerie, d'où sortaient des Bibles annotées à son gré et des attaques contre « les loups enragés et affamés » dont Dieu, disait-il, l'avait miraculeusement sauvé. Désormais bourgeois de Genève, disciple et auxiliaire passionné de Calvin, il appliquait aux autres l'intolérance dont il avait souffert; oubliant qu'il avait été, lui aussi, persécuté pour ses convictions, il approuvait la condamnation de Michel Servet envoyé au bûcher pour avoir émis des doutes sur la Sainte Trinité et il attaquait violemment Rabelais, dont il redoutait l'esprit railleur et dont il regrettait qu'on n'eût pas brûlé les livres.

Il mourait sans désarmer. Dans son testament, il ordonne à ses enfants de demeurer dans la religion réformée. Il en déshérite deux qui l'ont abandonnée et qui se sont mariés sans son consentement. Il institue pour son héritier universel, et l'on peut dire pour son vengeur, son fils aîné Henri, qui, dans la dynastie des Estienne, est connu sous le nom de Henri II. Il le nommait tuteur de ses frères et sœurs, mais en stipulant que ce fils privilégié serait déchu de ses droits, s'il venait un jour à abjurer.

La vie de celui-ci[1] est aussi pleine d'enseignement sur les tribulations des imprimeurs (1528-1598).

Elevé dans une maison où tout le monde parlait latin, jusqu'aux servantes, ayant eu le même précepteur que le fils du roi de France qui devait s'appeler comme lui Henri II, ayant suivi les cours

---

[1] *Henri Estienne et son œuvre française,* par Louis CLÉMENT. (Paris, Alfred Picard, 1898).

des plus illustres érudits du temps et appris, non
seulement les langues mortes, mais celles des principales nations d'Europe, il compléta cette éducation par des voyages en différents pays où son
père l'envoya pour faire la chasse aux manuscrits
et pour nouer des relations avec les savants et les
grands personnages. Ce fut un perpétuel voyageur ;
il passa une bonne partie de son existence à cheval ;
c'est sur les grandes routes, en pleine solitude et
en plein mouvement, qu'il aimait à composer ses
ouvrages en prose et en vers.

Mais cet homme, né à Paris, se trouva brusque-
ment, à 23 ans, transplanté à Genève ; et dès lors
il a deux patries entre lesquelles il va se partager ;
la terre d'asile où il est seigneur de Grières, et sa
ville natale, qui lui semble un abrégé du monde et
l'endroit où il est le plus doux de vivre.

Réformé sincère, il est en rapports intimes avec
Calvin, Théodore de Bèze, les banquiers Fugger
d'Augsbourg ; il dédie à la reine Elisabeth d'Angleterre, au roi Jacques VI d'Ecosse, à la République
de Berne les ouvrages sortant de ses presses ; mais,
en même temps, il est en relations avec Ronsard,
Baïf, avec le roi Henri III qui à plusieurs reprises
lui fera compter des sommes d'argent ; il a un intérêt dans la maison parisienne que dirige un de ses
frères et il y édite plusieurs ouvrages. De la sorte,
citoyen franco-suisse, protestant avec des attaches
catholiques, écrivain humaniste et militant, il est
par là même dégagé du fanatisme intransigeant qui

sévit autour de lui et il incline vers cette chose nouvelle, inconnue, inouïe, regardée comme impossible, d'un régime où des hommes de confessions différentes pourront vivre en paix sous les mêmes lois.

Il défend avec énergie la langue et l'esprit français ; il combat surtout les influences néfastes qui viennent du Midi, d'Espagne et d'Italie ; il fulmine contre les parfums, les mignons, les bas de soie, les théories de Machiavel qui répugnent à sa loyauté, les termes empruntés sans nécesisté à un idiôme étranger... En même temps, il a entendu le chant de la sirène ; il est amoureux de l'antiquité hellénique ; son œuvre capitale sera un *Thesaurus Linguae graecae* (1572) ; il y travaillera une vingtaine d'années, pensera y perdre les yeux et y mangera sa fortune. Mais qu'on ne le prenne point pour un rat de bibliothèque ! Il adore les poètes, publie, à côté des orateurs et des philosophes, les œuvres d'Homère, de Pindare, de Théocrite, d'Anacréon, d'Apollonius de Rhodes, de Callimaque ; il est ainsi au nombre de ceux qui poussent Ronsard et ses disciples à pindariser. Le grec est pour lui une troisième langue maternelle qu'il écrit avec supériorité.

Mais l'humaniste, l'ami du beau et fin langage, va se trouver en conflit avec le réformé. Il aura six fois maille à partir avec la censure ombrageuse de ses coreligionnaires. En novembre 1566, il publie son *Apologie pour Hérodote*, destinée à un immense succès. Sous prétexte de défendre le vieux chroniqueur accusé d'être un aimable menteur, il s'attache à prouver que les faits les plus curieux relatés par lui ne sont ni plus extraordinaires ni plus invraisemblables que les aventures et coutumes du temps présent. Les Egyptiens adoraient les bêtes ibis, bœufs, crocodiles : eh bien ! est-ce que les catholiques ne mangent pas leur Dieu? Des coutumes étrangement voluptueuses existaient à Babylone : mais les vieux sermonnaires en ont dit bien davantage sur les vices de leurs ouailles. Les juges d'autrefois étaient féroces; les chats-fourrés d'aujourd'hui le sont-ils moins? Et Henri Estienne éclate d'un rire homérique; il multiplie les historiettes pimentées sur les moines, les évêques, les papes. Bien qu'il se piquât de soutenir ainsi la Réforme et qu'il condamnât « les brocardeurs de religion », son ouvrage, poivré à souhait, fut traité de nouveau Pantagruel.

Or, avant de soumettre ses livres à l'examen obligatoire, Henri Estienne en avait envoyé plusieurs exemplaires à Lyon. Le Conseil se plaint, réclame le retour de ces exemplaires, exige des corrections. Henri Estienne y consent. Mais cela n'empêche pas la vente des exemplaires qui sont partis pour Lyon et qui sont, dit-il, contrefaits, augmentés. Il publie un avertissement pour mettre en garde les lecteurs, mais il a négligé de demander congé de le faire; il est emprisonné, blâmé, condamné à l'amende, et dès lors traité en suspect.

En 1570, il imprime une anthologie grecque et il y ajoute un certain nombre d'épigrammes qui ne sont pas d'une chasteté irréprochable. Aussitôt il est pris à partie : on lui interdit de participer à la Cène avec les autres fidèles et cette exclusion humiliante dure du 6 février au 30 août. Son volume, ce qui ne dut pas lui être moins sensible, est saisi et mutilé. En 1578, à propos de ses *Deux Dialogues du nouveau françois italianisé*, il est de nouveau mandé devant les censeurs chargés de régenter les mœurs et les livres ; il est encore blâmé, et ces tracasseries ne sont pas sans doute étrangères à l'absence qu'il fait alors et qui le retient dix-huit mois à Paris ; ses ouvriers, suspects comme lui, sont poursuivis pour avoir taxé d'hypocrisie l'austérité des censeurs.

Trois ans plus tard, en 1581, il sera encore cité devant le Conseil, pour avoir imprimé sans permission les épîtres de Sigone, de Sadolet, de Muret, qui sont des auteurs catholiques ; et bien que le livre fût dédié au roi de France, l'imprimeur est condamné à une amende de 25 écus d'or qui sera plus tard réduite à dix.

Ainsi en butte à des tracasseries qui se renouvellent sans cesse, Henri Estienne a une fin de vie assez triste. En 1585, des ballots de livres qu'il envoie à la foire de Francfort font naufrage sur le Rhin. Un tremblement de terre démolit le manoir qu'il possédait à Grières. Marié en troisième noces, il perd en quelques semaines, enlevées par la peste, sa mère, une tante, une fille. Afin de se tirer de ses embarras financiers, il se remet en route pour

Montpellier où habite son gendre Casaubon. Ce fut son dernier voyage. Au retour, en 1598, dans la ville de Lyon, les gens virent égaré par les rues un pauvre homme frappé d'amnésie. On lui demande son nom; il ne peut le dire. Il n'a que des balbutiements inintelligibles et un sourire béat. On transporte à l'Hôtel-Dieu cet inconnu. C'est là que meurt l'illustre imprimeur et le fougueux écrivain. Comme on découvre que c'est un huguenot, ses obsèques sont troublées; son cadavre est insulté par une populace fanatique.

C'est de là qu'il faut dater le déclin de la dynastie des Estienne. On voit que la situation des imprimeurs n'était pas plus sûre en pays protestant qu'en pays catholique.

Parmi les dernières œuvres d'Henri Estienne figure un grand poème latin en quarante chants comprenant 5.500 vers iambiques et intitulé : *Principum Musa Monitrix.* C'est un garde-à-vous adressé aux princes; et on peut juger s'il était justifié : le roi Henri III, auquel le poème est dédié, mourait sous le poignard de Jacques Clément, pendant que le livre était sous presse. — Cela nous avertit que, durant le dernier tiers du XVIe siècle, le trouble avait passé de l'Eglise à l'Etat, et que les institutions politiques étaient à leur tour aussi ébranlées que les institutions religieuses.

Les protestants persécutés, massacrés, finissent par se révolter. Surtout après la Saint-Barthélemy, ils concluent des alliances avec leurs coreligionnaires de Suisse, d'Allemagne, de Hollande, d'Angleterre comme les catholiques avec les catholiques de Suisse, d'Allemagne, mais surtout d'Espagne et d'Italie. La *Franco-Gallia* d'Hotman revendiquait les vieilles libertés de la nation française ; le régicide, étant donné que les rois laissent ou font égorger leurs sujets, est prôné par les Réformés français ; ils rêvent quelque temps d'une sorte de République fédérative. Donc abondance de pamphlets qui paraissent surtout hors de France, où le *Contre un* de La Boétie a trouvé peu d'écho.

Mais bientôt c'est parmi les catholiques que se transportent la haine de la monarchie et la prédication du régicide. Pourquoi? Parce que l'héritier présomptif de la couronne est un huguenot, Henri de Navarre. Les idées changent de camp en même temps que les intérêts. La Ligue, qui veut instituer une sorte de théocratie démagogique, est surtout menée par des prédicateurs qui manient au besoin la hallebarde et le mousquet ; mais, à côté d'eux, par les libelles, par les images, où l'on représente les sorcelleries d'Henri de Valois, dit Vilain Hérode, par des placards affichés sur les murs, la plume vient au secours de la parole en vue de délivrer la France embourbée ou, comme dira Boucher, l'un de ces orateurs et pamphlétaires sacrés, embourbonnée.

Il va de soi que, pendant la fureur de cette bataille à la fois religieuse et politique, les imprimeurs comme les libellistes risquent d'être pendus ou arquebusés, dès qu'ils ne sont pas en plein accord avec leur entourage.

Puis, peu à peu, dans la France lassée, harassée, se forme un tiers-parti, qui essaie de régler les choses par un compromis. Il se produit une réaction, à la fois monarchiste, nationale et modérée. Que le roi de Navarre se fasse catholique, exécute ce qu'il appelle le saut périlleux, et il deviendra roi de France. Que les protestants soient tolérés et la paix reviendra dans le royaume dévasté. Le *Satire Ménippée*, sorte de pot-pourri composé par des hommes d'esprit de ce nouveau parti, sera l'expression de ce changement dans la mobile opinion publique. Mais de même que les pamphlets protestants paraissent anonymes et datés du Désert d'Eleuthéropolis, de Luce nouvelle, de même que les libelles catholiques imprimés en Flandre, en Italie, en Espagne, sont supposés venir d'une Villefranche de fantaisie, de même la Ménippée, dont la première édition eut lieu à Tours au mois d'août 1594, plusieurs mois après l'entrée de Henri IV dans Paris, circula d'abord sous main et parut sans nom d'auteur. C'est seulement quelque vingt ans plus tard qu'on sut à peu près qui avait fait partie de la petite équipe et quel apport chacun avait fourni.

Le calme revenu avec un gouvernement royal encore tempéré, avec l'édit de Nantes qui tolère l'existence des protestants et leur accorde des places de sûreté, la violence des pamphlets s'atténue.

L'opposition n'est pas cependant réduite au silence ;
et l'autorité se résigne à la laisser parler, « estant,
comme dit le chroniqueur Lestoile, aussi peu en la
puissance de toute faculté terrienne d'empescher le
peuple français de parler que d'enfouir le soleil en
terre ou l'enfermer dedans un trou ». Sully a beau
faire pendre en effigie un libelliste. Ici ce sont des
huguenots mécontents, comme d'Aubigné, qui ne
pardonnent pas au roi son abjuration. Là ce sont
de grandes dames qui raillent les faiblesses du Vert
Galant et racontent *Les Amours du Grand Alcandre*.
Ailleurs ce sont des moqueries et des attaques
contre deux puissances nouvelles qui joueront un
rôle considérable à la cour des rois très chrétiens,
la favorite et le confesseur. Ce sont surtout chez les
Jésuites, chassés de France en 1594, puis rentrés
en 1603, des appels au régicide , dont le couteau de
Ravaillac ne tardait pas à démontrer la sanglante
efficacité.

Toutefois, c'était le principe d'autorité qui l'em-
portait en matière politique comme en matière
religieuse et le XVIIe siècle tout entier allait pousser
à bout cette victoire de la règle en tout domaine.

§ 5. — L'IMPRIMERIE DE 1610 A 1660.
LES PROVINCIALES

Pendant le demi-siècle qui suit la   mort de
Henri IV, le pouvoir royal en France s'affermit et

s'accroît. Sous la main de fer de Richelieu les villes et les nobles plient ou succombent. La Fronde, pendant la régence d'Autriche, est un suprême sursaut des libertés féodales, municipales et parlementaires qui agonisent ; mais le mouvement n'a ni sérieux ni profondeur ; ce n'est qu'une *guerrette*, selon l'expression d'un contemporain, mais guerrette désastreuse pour le peuple des campagnes, et bientôt la France appauvrie, lasse de troubles sans portée , se repose sous la domination absolue du roi Louis XIV. La noblesse se laisse enfermer dans la cour comme dans une cage dorée ; le Parlement a un maître qui commande botté et le fouet à la main.

Pendant le même temps, la lutte religieuse n'a pas cessé, mais elle a changé de caractère. Elle s'est atténuée. Les protestants, simplement tolérés, perdent leurs places de sûreté ; la prise de la Rochelle (1628) marque leur désarmement ; et bien que Richelieu, allié des protestants de Suède et d'Allemagne, les épargne, la réaction catholique multiplie contre eux les avanies ; on leur défend de se servir du mot d'Église pour désigner leurs groupements et on leur ordonne, sous peine de 550 livres d'amende, d'employer l'expression de *prétendue réformée* en parlant de leur religion ; on chasse leurs morts des cimetières catholiques ; on ferme leurs écoles, et la ville de Poitiers prétend leur interdire l'accès aux jurandes et maîtrises. « Le petit troupeau broute de mauvaises herbes ; mais il ne s'écarte pas », dira

Mazarin. Il n'en était pas moins menacé, dépouillé peu à peu de toute garantie.

Les querelles se transportent alors parmi les catholiques. Il y a lutte entre gallicans et ultramontains, entre partisans de l'autorité du roi et de la suprématie du pape. Il y a lutte (c'est une autre forme de la précédente) entre l'Université, qui est fidèle sujette du roi, et l'ordre international des Jésuites, sur la question de l'enseignement. Il y a lutte entre les mêmes jésuites et les jansénistes, lutte de deux doctrines sur la grâce, mais aussi de deux morales, l'une cherchant des accommodements avec le ciel et mettant des coussins de velours sous les coudes des pécheurs, l'autre austère et puritaine, représentée par les solitaires de Port-Royal. Le jansénisme ne sera pas autre chose qu'une Fronde religieuse; mais il remuera tout le monde intellectuel d'alors.

En somme, le caractère dominant de l'époque, c'est le triomphe de la royauté, qui, dans la France soumise et centralisée, a réuni tous les pouvoirs en sa main et domine l'Eglise elle-même, tout en lui servant d'instrument contre quiconque s'écarte de l'orthodoxie catholique.

La royauté, qui avait appris à ses dépens les dangers de l'imprimerie, entendait bien s'emparer de la direction des esprits. Aussi prit-elle des mesures pour s'assurer le contrôle et la surveillance des livres. Elle avait jusqu'alors partagé cette censure, d'une part avec l'Université, et en particulier avec la Faculté de théologie, d'autre part avec les Parlements. Sans leur retirer complètement cette fonction, elle va la faire passer en grande partie à ses agents directs.

Dès l'année 1612, défense renouvelée d'imprimer aucun livre sans nom d'imprimeur et sans permission : l'édit mentionne le mal que peuvent causer les controverses sur l'interprétation des livres saints ainsi que sur les affaires d'État. Le règlement de 1618 motive l'interdiction de recevoir par an plus d'un libraire, d'un imprimeur et d'un relieur, par la nécessité de surveiller plus sévèrement les volumes édités en France ou venant de l'étranger, ce à quoi s'opposerait la multiplicité des établissements. Dans le même règlement, défense d'imprimer des placards, des « peintures dissolues » ou de faire imprimer des ouvrages à l'étranger. En 1624, sous peine de 6.000 livres d'amende et de punition corporelle et arbitraire, défense encore « d'imprimer ou faire imprimer ou exposer en vente, en quelque lieu que ce soit de notre royaume, aucunes lettres, mémoires ni instructions concernant nos affaires d'État, sans notre expresse permission. » En 1626, renouvellement de cette défense. En 1628, défense d'insérer dans les almanachs des prédictions illicites. En 1630, précaution nouvelle : défense aux seigneurs d'avoir chez eux des imprimeries.

Entre temps, la royauté, se défiant du zèle des gardes de la Communauté, a nommé, dès 1623, quatre censeurs royaux, choisis parmi les professeurs de la Faculté des lettres. C'était, en quelque sorte, laïciser la censure. Aussitôt, la Faculté de théologie proteste avec véhémence, si bien que les censeurs désignés n'osent pas accepter la charge qu'on met sur leurs épaules. Ils démissionnent. Mais le pouvoir royal tient bon, et, en 1629, il rétablit les censeurs qu'il veut avoir à sa dévotion. Cependant, en 1653, après la Fronde, quand s'est opérée une réconciliation entre le pouvoir royal et l'Eglise catholique, désormais assujettie, il est décidé que les quatre censeurs nommés par le roi seront pris dans la Faculté de théologie. L'autorité civile et l'autorité ecclésiastique s'accordent dès lors pour manier la férule et les ciseaux dans leur intérêt mutuel.

Pendant ces années, les libelles ne manquent pas [1]. Ils sont dirigés surtout contre Richelieu et émanent le plus souvent des jésuites; deux de ces libelles sont, sur son ordre, brûlés par le lieutenant civil de Paris, censurés par la Sorbonne et par l'assemblée du clergé; un autre, envoyé de Rome à Paris, et déclarant que le pape a le droit de déposer les rois, est déféré à la Faculté de théologie et au Parlement. Richelieu ne se borne pas à ces blâmes officiels : il fait réfuter par des hommes à lui les allégations de ses adversaires et de ses diffamateurs, et, en 1636, un auteur de pamphlet ayant pu être saisi est mis, sans autre forme de procès, à la Bastille.

---

[1] CAILLET I, 143, *ouvrage cité*.

Louis XIII mort, survient la Fronde. C'est un débordement d'écrits contre Mazarin. Les *Mazarinades* remplissent une soixantaine de volumes. Il ne peut plus être question de surveillance dans Paris soulevé contre le ministre. Mais cette inondation n'est que passagère. L'ordre rentre dans l'imprimerie et dans le royaume. Pas complètement pourtant. La Fronde janséniste se prolonge et un épisode de la bataille, à laquelle se trouve mêlé le grand nom de Pascal, témoigne des ruses qu'on employait pour déjouer la police.

Les jansénistes, pour leurs doctrines, avaient fait connaissance avec la prison. Dès 1638, Saint-Cyran était arrêté, et expiait, à la Bastille et au donjon de Vincennes, le tort d'être trop fidèle aux idées de saint Augustin. En 1656, la Sorbonne, de nouveau saisie de la question, condamnait le livre que le grand Arnauld avait écrit à ce sujet. Comme supplément à ses arguments, la Sorbonne avait fait venir quantité de moines qui opinèrent du bonnet contre l'ouvrage suspect avec la docilité de soldats exécutant une consigne. Or, au plus fort du débat, qui faisait jaser la cour et la ville, voici que paraît une lettre anonyme adressée à un provincial pour lui expliquer sur quoi roule cette querelle théologique. La lettre est piquante, spirituelle, alerte; elle fait rire et met les rieurs du côté des condamnés. Aussitôt, fureur de la Sorbonne et des jésuites, vieux ennemis de la famille Arnauld. On arrête Savreux, le libraire et l'imprimeur ordinaire des gens de Port-Royal. On saisit chez lui des exemplaires de la lettre incriminée. Il est conduit à la Bastille ; c'était un domicile qu'il devait habiter par trois fois. Deux autres imprimeurs-libraires, Petit et Desprez, sont soupçonnés d'avoir trempé dans l'impression de la lettre. On met les scellés sur leurs presses. Mais, à ce moment même, on montre au Président qui a ordonné les scellés une seconde *lettre provinciale* encore toute fraîche. C'est donc qu'elle a été imprimée ailleurs : le Président lève les scellés. C'était pourtant chez Petit que les deux lettres avaient été imprimées ; seulement, tandis qu'on perquisitionnait dans l'atelier, la femme de l'imprimeur avait, dans son tablier, emporté les formes jusque chez un voisin où l'on avait tiré aussitôt 1.500 exemplaires.

Puis de nouvelles *provinciales* paraissent à des intervalles irréguliers. La police est sur les dents. On décrète de prise de corps M. de Saint-Gilles, qu'on suppose avoir mis la main à cette affaire. Un jour, un jésuite va rendre visite à M. Périer, beau-frère de Pascal. Qu'on juge des transes de Périer ! Pendant qu'il recevait son visiteur, les exemplaires d'une nouvelle provinciale séchaient sur le lit, dont les rideaux étaient tirés. Le jésuite partit sans avoir rien vu et les amis de Port-Royal en firent des gorges chaudes, d'autant que Cramoisy, le libraire des jésuites, venait de faire une faillite retentissante.

En dépit de toutes les précautions, les *provin-*

ciales, de plus en plus mordantes, se répandent dans les salons de Paris, pénètrent en province, parviennent jusqu'à Mazarin. L'auteur anonyme s'amuse à signer d'un nom de fantaisie : Louis de Montalte, ou bien d'initiales énigmatiques. La troisième se termine par ces mots : votre très humble et obéissant serviteur, E. A. A. B. P. A. F. D. E. P.[1].

On finit par savoir que les dix-huit lettres provinciales, les *petites lettres,* comme on les appelait aussi, étaient l'œuvre de Pascal. En 1657, elles étaient mises à l'index, condamnées par la congrégation romaine. Elles furent déférées aux Parlements et Universités de France. Celui d'Aix les mit au pilori et fit semblant de les brûler. La Faculté de théologie de Bordeaux refusa de les censurer. Néanmoins, à Paris, en 1660, les prélats et les théologiens réunis les condamnèrent à être lacérées et brûlées par la main du bourreau. Mais tout le monde les avait lues et admirées, et les maximes des casuistes, la restriction mentale, les ingénieuses combinaisons d Escobar pour adoucir le chemin du Paradis ne se sont jamais relevées du coup mortel qu'elles leur avaient porté. En 1700, la Sorbonne elle-même et l'Assemblée du clergé se résignaient, par l'organe de Bossuet, à en accepter les conclusions contre la morale relâchée, ce qui ne les empêchait pas d'ailleurs de condamner une fois de plus

---

[1] Le mot de l'énigme n'a été connu que bien plus tard. C'était : *Et ancien ami, Blaise Pascal, auvergnat, fils d'Etienne Pascal* Voir SAINTE-BEUVE, *Port-Royal,* III, p. 63.

pour la forme l'ouvrage qui contient la condamnation de la morale jésuitique.

J'ai voulu montrer par un exemple célèbre les stratagèmes au moyen desquels imprimeurs et auteurs se défendaient contre l'arbitraire des censeurs ecclésiastiques ou royaux. Mais pour un qui échappait, il y en avait cent qui étaient atteints et frappés, et l'oppression de la pensée allait s'aggraver encore sous le règne personnel de Louis XIV [1].

§ 6. — L'IMPRIMERIE DE 1660 à 1715
LES ELZÉVIRS ET LA HOLLANDE

On pense bien que le roi, qui se regarde comme maître, par la grâce de Dieu, des biens et des consciences de ses sujets, n'est pas homme à laisser discuter les questions irritantes que peuvent soulever les affaires d'État ou d'Église. Le silence est la loi qu'il impose. Plus le siècle avance, plus le pouvoir central s'arroge le contrôle de la pensée française. En 1686, il enlève à l'Université la plupart de ses prérogatives, ne lui laisse que l'approbation des livres de classe et le privilège d'avoir les libraires dans son quartier; encore y a-t-il plus d'une dérogation à cet antique usage. En 1701, il est rappelé qu'aucun livre ne peut paraître sans en

---

[1] PEIGNOT. *Dictionnaire des livres condamnés au feu. Imprimeries particulières et clandestines.* — M. WEISS. *La Sorbonne et la librairie parisienne,* (Bulletin de la Société de l'Histoire du protestantisme français, 1881).

avoir obtenu permission par lettres scellées du grand
sceau, c'est-à-dire sans l'autorisation du chancelier
nommé par le roi. Le Parlement, la Sorbonne
peuvent encore lui déférer un ouvrage suspect,
rendre même un arrêt ou une sentence qui le condamne : mais le jugement suprême appartient sans
conteste à l'autorité royale; et elle le fait bien voir
en mainte occasion [1]. Cette servitude de l'imprimerie n'est pas étrangère à la décadence dont elle
pâtit à la fin du siècle. En 1701, à Paris, sur
200 presses, il n'en est que 50 qui travaillent; à
Troyes, sur 25, on n'en compte que 15 qui soient
utilisées. A Rouen, les imprimeurs sont devenus si
pauvres qu'on réduit leur nombre, afin qu'ils
puissent vivre. De 1660 à 1756, on a compté
869 auteurs, imprimeurs ou libraires qui ont fait
des séjours plus ou moins longs à la Bastille. La
crainte d'y être enfermé, et peut-être oublié, modé-
rait singulièrement les ardeurs.

Faut-il des preuves de cette oppression pesant
sur les esprits ? Elles abondent. Le grand règne,
en 1662, s'ouvre par le supplice d'un pauvre fou,
Morin, qui se croyait le Messie et qui est brûlé vif,

---

[1] L'Evêque de Pamiers ayant contesté le droit de régale, c'est-à
dire le droit du roi à nommer aux bénéfices d'un diocèse pendant la
vacance d'un siège épiscopal (1679), l'Intendant, représentant du pouvoir central, fit arrêter l'imprimeur soupçonné d'avoir imprimé le
traité de l'évêque, ne trouva rien en perquisitionnant chez lui, finit
par conclure que l'impression s'était faite à Avignon, terre papale,
puis fit condamner à avoir la tête tranchée le P. CERLE qui avait
affiché aux portes de plusieurs églises des brefs du pape à ce sujet.
L'arrêt fut exécuté en effigie.

comme Vanini l'a été à Toulouse en 1619. Aux protestants, on n'ôte pas seulement la parole ; on leur enlève les moyens de vivre en leur interdisant certaines professions, dont celles d'imprimeurs et de libraires ; on leur enlève le droit d'exercer leur culte en exilant ou jetant aux galères leurs pasteurs ; on leur enlève, dès l'âge de cinq ans, leurs enfants considérés comme pouvant choisir leur religion dès qu'ils auront l'âge de raison, c'est-à-dire sept ans. On leur envoie des dragons, missionnaires bottés, qui logent chez eux jusqu'à ce que leurs hôtes forcés se convertissent. Et, quand ils veulent émigrer pour se dérober à ces cruautés, on les poursuit, on leur ferme les frontières. Louis XIV veut l'unité religieuse comme l'unité politique ; et il révoque, en 1685, l'Édit de Nantes. 300.000 protestants fuient la persécution et ils vont porter en Suisse, en Hollande, en Danemark, en Angleterre, en Brandebourg leur industrie et leurs légitimes rancunes contre le roi, destinées à se changer plus tard en haine de la patrie marâtre qui les a rejetés de son sein. Ce crime contre la France et contre l'humanité coûte au royaume un grand déchet de sa force productive, par exemple dans la papeterie, la guerre civile dans les Cévennes et la guerre étrangère avec les puissances du Nord.

L'épuration, commencée par l'expulsion des huguenots, continue dans les rangs catholiques. Les jansénistes sont poursuivis d'une haine implacable qui ira jusqu'à faire exhumer les ossements des religieuses et des solitaires de Port-Royal. Les quiétistes, qui prêchent l'anéantissement de la volonté en Dieu, ne sont pas plus épargnés; leur prophétesse, Mme Guyon, est mise à la Bastille, et Fénelon qui, dans ses *Maximes des Saints*, a donné dans la doctrine du pur amour divin, voit son livre soumis à douze examinateurs, condamné à Rome, dénoncé par Bossuet, et il n'échappe que par une soumission éclatante qui ne l'empêche pas d'être rélégué à vie dans son diocèse de Cambrai. Les jésuites, bien qu'ils aient l'honneur et l'avantage de confesser le roi, n'arrivent pas sans doute à introduire l'Inquisition en France, comme ils le désirent [1]; mais, bien qu'on les ménage et les favorise, ils sont rappelés à l'ordre, dès qu'ils essaient de s'émanciper. Quand ils sont en querelle avec les Bénédictins à propos d'une édition de saint Augustin, le roi intervient et fait défense aux uns et aux autres de pousser plus avant cette polémique; et lorsqu'un des leurs, le P. Jouvency, s'avise, dans une histoire latine de la Société, de reprendre leurs principes admettant la suprématie du pape sur les princes, du spirituel sur le temporel, Louis XIV, qui a fait rédiger par Bossuet les quatre articles codifiant les libertés de l'Église gallicane à l'encontre du pouvoir pontifical, leur montre vigoureusement qu'ils sont bien loin des temps de la Ligue. Le livre du P. Jouvency est déféré au Parlement, qui en

---

[1] Voir SAINT-SIMON. *Mémoires* X, 355 et IX, 430. (Edition Chéruel).

ordonne la suppression ; le premier Président aurait
même voulu le faire brûler par la main du bourreau ;
mais le roi, comme dit Saint-Simon, lui « mit un bâillon en la bouche ».

Un bâillon ! C'est ce qui attend quiconque voudrait se plaindre, exprimer une opinion indépendante. On ne peut guère citer comme exception que
la lettre adressée, en 1693, au grand Roi par Fénelon : « Sire, vos peuples meurent de faim. La culture
des terres est presque abandonnée ; les villes et les
campagnes se dépeuplent ; tous les métiers lan-
guissent ; tout le commerce est anéanti. La France
n'est plus qu'un grand hôpital désolé et sans pro-
visions. » Seul, un archevêque pouvait se permettre
d'élever ainsi la voix, et encore à huis-clos.

Aussi, est-ce hors de France qu'il faut, surtout
dans le siècle finissant, chercher les germes de ce
qui sera la pensée française au siècle suivant.

La Hollande est alors, comme la Suisse l'avait
été au XVIᵉ siècle, comme elle ne l'était plus qu'à
demi, puisque Genève devait, sur l'ordre de
Louis XIV, faire filer sur Berne les protestants
réfugiés, la grande terre d'asile, la terre de liberté.
Ce n'est pas en vain que Descartes était allé s'enfermer dans un « poêle » de ce pays pour y méditer
son *Discours de la Méthode* qui part du doute universel. La petite République a beau être attaquée
par Louis XIV, obligée d'inonder son territoire pour
le sauver ; elle a beau même cesser d'être une République et devenir une annexe de l'Angleterre, à

qui elle a donné un roi. Elle reste le refuge favori, non pas seulement des huguenots, mais de tous ceux qui pour une raison ou pour une autre ont chez eux des démêlés avec l'autorité ecclésiastique ou civile. Elle est ainsi un foyer de vie intense et le chemin par où les idées des philosophes et des politiques anglais pénétreront sur le continent.

Or la Hollande a pendant cette époque une dynastie de grands imprimeurs, les Elzévirs. Le premier qui compte, simple ouvrier typographe, converti au protestantisme, a édité une centaine de volumes en différentes langues (1540-1617). Il est devenu, à Leyde, libraire de l'Université et bourgeois de la ville. Il a neuf enfants et, sans suivre les destinées de cette tribu, disons que les deux grands hommes de la famille furent son fils Bonaventure et son petit-fils, Abraham, qui restèrent associés jusqu'à la fin de leur vie. La devise de la maison était : *Concordia res parvæ crescunt*, ce qu'on peut traduire par : *L'union fait la force*. Ceux-là publient plus de 500 ouvrages ; ils ont des succursales à Amsterdam, à Utrecht, à La Haye, à Francfort, à Paris même. A leur mort, l'Académie de Leyde fera frapper une médaille en l'honneur de Bonaventure, en récompense de l'éclat et de la richesse dont il avait fait bénéficier son pays.

Aidés par Van Dick pour les vignettes de leurs volumes, adoptant des caractères se rapprochant beaucoup des types que le français Sanlecque avait gravés, ils tentèrent une innovation qui, suivant la coutume, n'alla pas sans résistance. Aux formidables formats, qui avaient régné jusqu'alors, ils substituèrent l'in-12, plus commode, plus maniable, plus portatif. Ils créèrent ce qu'on pouvait appeler des éditions de poche. Ils opérèrent dans l'imprimerie une révolution analogue à celle qui dans l'horlogerie fit succéder la montre à la pesante horloge.

Ils ont ainsi popularisé quantité d'auteurs anciens. Mais parmi les 2.000 ouvrages qui portent leur marque [1], les modernes figurent en bon rang. On y rencontre les œuvres de Descartes, de Molière. On y trouve 13 volumes consacrés à la défense de Fouquet et qui n'auraient pu voir le jour en France.

Mais on aurait une idée fort incomplète de l'activité des Elzévirs et des imprimeries hollandaises, si l'on s'en tenait aux œuvres qu'ils jetaient sur le marché signées de leur nom et qu'ils avouaient ainsi publiquement. Ils en ont lancé beaucoup d'autres, de façon clandestine, avec de fausses indications de lieux et de dates, parfois avec de faux titres.

C'étaient souvent de simples contrefaçons. Aucun règlement international ne protégeait la propriété littéraire; et les libraires-éditeurs ne se gênaient pas pour reproduire un ouvrage qui avait réussi hors de leurs frontières. Les auteurs français furent ainsi pillés sans vergogne en Hollande, en Suisse, en Allemagne, et les contrefacteurs ne s'en cachaient

---

[1] Un cep de vignes chargé de raisins, avec un philosophe au pied, ou bien Minerve avec un olivier ou encore un bûcher allumé, qui paraît être un jeu de mots sur leur nom.

pas ; ils mettaient sur leur édition qu'elle était faite « jouxte la copie imprimée à Paris. »

Mais souvent aussi c'étaient des œuvres originales qui, pour une raison ou pour une autre, ne pouvaient point paraître dans le pays dont les auteurs étaient natifs. Il faut citer au premier rang les livres des réfugiés protestants. La Hollande est le lieu d'où partent les attaques contre l'Eglise catholique et les persécuteurs. L'éloquent pasteur Jurieu adresse de là ses *Lettres pastorales* aux fidèles de France qui gémissent dans la captivité de Babylone et il entame avec Bossuet, qui croit avoir cause gagnée en montrant que les Eglises protestantes ont passé par des variations incessantes, un duel de plume qui intéresse alors toute l'Europe. Le gouvernement français, docile exécuteur des volontés du clergé, du moment qu'elles ne touchent pas à l'autorité royale, organise une véritable douane littéraire pour empêcher les écrits hérétiques de pénétrer en France. Mais il y réussit assez mal. Un autre pasteur, Gédéon Flournois, adresse une *Epître à MM. les commis de sa Majesté pour la visite des livres défendus.* Dans cette Epître, qui porte la marque des Elzévirs, il les félicite ironiquement de donner du crédit aux livres qu'ils poursuivent et de contribuer ainsi à les répandre par le monde. Mais en même temps il leur reproche de persécuter les ouvrages contraires aux jésuites beaucoup plus que ceux qui sont contraires à la piété et aux bonnes mœurs.

On ne plaisantait pas en France avec les volumes qu'on pouvait saisir. Le P. Maimbourg avait écrit une *Histoire du calvinisme*, où il est défiguré et malmené de la belle manière. Les Réformés répliquèrent. Bayle, un Pyrénéen transplanté dans les brouillards de la Hollande, lança de Rotterdam une réfutation de cette histoire calomnieuse. Elle fut aussitôt déférée à la Sorbonne et brûlée en place de Grève. En 1703, à Paris, le libraire Jean Moreau est déclaré déchu de la maîtrise; sa boutique est fermée, ses presses sont démontées, brûlées, ou vendues; et il est, en sus, condamné à 1.000 livres d'amende pour avoir imprimé : *Les cas de conscience proposés par un confesseur de province*, ouvrage janséniste. (Recueil de pièces judiciaires à la Bibliothèque de la Ville de Paris.)

Mais, comme il advient d'ordinaire dans les guerres théologiques, les attaques violentes d'un parti contre l'autre inclinent beaucoup d'esprits pacifiques au scepticisme, à l'indépendance absolue de la pensée. On réimprime en Hollande non seulement les *Provinciales* de Pascal, mais aussi les *Essais* de Montaigne, qui sont une grande école de doute. En Hollande encore vit et écrit Spinoza, l'austère philosophe qui gagne sa vie à polir des verres dé lunettes. On devine sans peine que ses ouvrages aussi hardis que géométriques sont interdits en France; ils n'en sont que plus lus par ceux qui peuvent se les procurer. On s'est moqué de La Fontaine disant à tout venant : « Avez-vous lu

Baruch ? « On a supposé qu'il s'agissait là d'un
prophète de la Bible. Je me suis toujours demandé
si le fabuliste, qui ne dédaignait pas les discussions
philosophiques, ne faisait pas allusion à Baruch
Spinoza. Quoi qu'il en soit, le philosophe, qui n'était
plus un fidèle d'Israël sans être devenu un fidèle
du Christ, publiait sa morale et son traité de théologie politique où il se faisait l'apôtre de la tolérance mutuelle en matière de religion. De son côté
Bayle menait à bien son *Dictionnaire historique
et critique,* où, sans avoir l'air d'y toucher, en expo-
sant le pour et le contre de chaque doctrine, il
sapait à petit bruit les croyances aveugles. Bayle
allait être à Voltaire ce qu'Erasme est à Luther :
un précurseur, et Voltaire a pu dire justement de
lui : « Ses plus grands ennemis sont forcés d'avouer
qu'il n'y a pas dans ses ouvrages une seule ligne
qui soit un blasphème évident contre la religion
chrétienne ; mais ses plus grands défenseurs avouent
que dans ses ouvrages de controverse il n'y a pas
une seule page qui ne conduise le lecteur au doute et
souvent même à l'incrédulité. »

Des livres ayant une couleur religieuse ou irré-
ligieuse on passait bientôt à ceux qui avaient une
tendance politique. La Hollande, envahie et ruinée
par Louis XIV, n'avait, on le comprend, aucune
sympathie pour le roi de France. Aussi devint-elle
une véritable usine à pamphlets contre le roi-soleil.
C'est de chez elle que partit, en 1689-1690, le livre
de Jurieu : *Les Soupirs de la France esclave.* C'est

le premier coup de toscin contre la monarchie absolue. C'est (ressouvenir du xvie siècle et prélude à J.-J. Rousseau) un rappel de cette vérité que les rois sont faits pour les peuples et non les peuples pour les rois.

Puis viennent quantité de libelles ayant plus de violence, sinon plus de portée. Seulement il faut user de précautions ; il faut se mettre en règle avec la loi qui protège les souverains étrangers ; il faut éviter de créer des embarras diplomatiques au gouvernement des Pays-Bas. Donc auteurs, imprimeurs, libraires usent et abusent de l'anonyme et du pseudonyme. Les indications de fantaisie surabondent [1]. L'adresse de l'éditeur est donnée au Parnasse, au pays d'Ethiopie, etc. Celle du libraire est à l'enseigne de la Pierre de Bois, de la Quadrature du Cercle, du Bout du Monde, rue des Farces ou du Tonneau des Danaïdes. Ou bien encore on vous avertit que l'ouvrage se trouve chez l'Ami de l'auteur, chez le Sincère, chez le Dispensateur des Secrets. L'auteur lui-même se dénomme Jean l'Endormy, Eugène Vérité, Pierre l'Attentif, Jean le Raconteur.

Parmi ces opuscules, un grand nombre portent la marque de Pierre du Marteau, imprimeur à Cologne. Pendant des années et des années, cette officine semble intarissable ; et, plus tard, appa-

---

[1] Voir à ce sujet l'étude de M. JAUMART DE BROUILLANT : *Histoire de Pierre du Marteau, imprimeur à Cologne*. Paris, in-4°, 1888.

raissent la veuve de Pierre du Marteau, ses héritiers, son gendre, Adrien l'enclume, qui sont, suivant le besoin, domiciliés à Rotterdam, à Londres, à Madrid. On les retrouve en Belgique, en France même, ou encore en Allemagne, sous le nom, qui est une traduction du français, de Peter Hammer.

Or, on n'a jamais connu à Cologne ni ailleurs d'imprimeur s'appelant Pierre du Marteau. C'est, en réalité, un nom de guerre, un masque dont s'affublaient des éditeurs prudents. Il paraît avoir été imaginé par les Elzévirs ; puis il devint une sorte de passe-partout et fut repris, pour raison de commodité, par ceux qui avaient peur d'avoir maille à partir avec les grands de ce monde ou avec la police.

Parmi les écrits ainsi publiés, on en rencontre qui ne pouvaient être que fort désagréables à Louis XIV. Par exemple *Scarron* (son prédécesseur !) *apparu à Madame de Maintenon*, (1694). Et si l'on doutait du danger qu'il y avait à publier et à colporter ce genre d'ouvrages, il suffirait de rappeler qu'à Paris, le 19 octobre de cette même année, un compagnon libraire et un garçon relieur, coupables d'avoir vendu ce libelle, étaient d'abord soumis à la question ordinaire et extraordinaire, puis condamnés à être pendus ; que deux autres personnes, complices du même crime, étaient envoyées aux galères, et qu'une cinquième ne devait sa grâce qu'à l'avantage d'être apparentée au Père de La Chaise, confesseur du roi.

Curieuse est la liste des livres plus ou moins scandaleux ainsi perpétrés par les libellistes. On y trouve les œuvres de Bussy-Rabutin, contant *L'histoire amoureuse des Gaules* et dressant une *Carte géographique de la Cour*, variante épicée de la fameuse *Carte du Tendre* chère aux précieuses. Elle contient vingt-neuf villes qui ne sont pas imprenables, qui se rendent même après un siège assez court, et qui représentent vingt-neuf hautes et illustres dames. On y rencontre des *Mémoires secrets*, ceux de Bassompierre, ceux de *M. d'Artagnan*, chrysalide obscure d'où devait sortir deux siècles plus tard le papillon étincelant des *Trois Mousquetaires*. On connaît au moins l'auteur de ces derniers Mémoires, qui fut un Gascon, Messire Gatien de Courtilz, seigneur de Sandras et des Vergers.

Mais il y en a bien d'autres : *Mémoires pour servir à l'histoire du Cardinat de Richelieu,* — *Mémoires de Marie de Mancini*, nièce de Mazarin et premier amour de Louis XIV. Il faut y adjoindre bon nombre de livres érotiques, qui se vendaient sous le manteau et contribuaient à la fortune, sinon à la considération, des libraires-éditeurs.

La Hollande devait garder longtemps le privilège d'être un lieu d'asile pour les écrivains qui étaient en délicatesse avec l'Eglise, avec les princes de leur pays ou avec la morale. Elle n'eut guère de concurrents en ce genre que la Suisse et une ville de France, Rouen, d'où partirent beaucoup de libelles qui s'attribuaient naturellement une origine étrangère. Mais c'est assez pénétrer dans les dessous de ce majestueux xviie siècle, dont tant d'historiens n'ont voulu voir que la surface noble et brillante. Il est temps d'aborder le siècle suivant, qui, selon cette loi du rythme qui préside à la vie des nations comme aux mouvements de l'Océan, allait être, sous un régime en apparence immuable, animé d'un esprit tout contraire.

*
* *

XVIIIe SIÈCLE 1715-1789

Quand on regarde les différents Etats de l'Europe pendant le xviiie siècle, on s'aperçoit bien vite qu'à l'égard du livre ils suivent deux politiques très différentes. Dans les pays libres, en Angleterre, en Hollande, la censure préalable est abolie; les imprimeurs peuvent lancer des ouvrages qui ne tombent que sous le coup de la loi, c'est-à-dire qui ne peuvent être poursuivis que s'ils diffament des particuliers ou bien outragent des souverains étrangers. Mais dans les autres pays, en France, en Allemagne, à plus forte raison en Espagne et en Italie, existe la censure préventive de tout écrit, au nom du respect dû à la religion, au prince et aux bonnes mœurs. Les cantons suisses ne font pas exception. Un livre ne peut paraître que s'il a été dûment examiné, approuvé; ce qui produit deux effets : interdiction de publier des opinions réputées dangereuses et contrebande active pour éluder des défenses qui se révèlent souvent illusoires.

La Hollande est encore un milieu fécond où germent bien des nouveautés. Elle offre, au point de vue politique, un spectacle qui frappe d'étonnement les étrangers et les Français plus que tous les autres : c'est celui d'un peuple libre, d'un pays où l'homme n'est sujet que des lois. Et ce n'est pas seulement pour elle-même qu'elle est une école de liberté. Elle sert de trait d'union entre l'Angleterre et le continent. Elle est le point d'atterrissement des théories de Locke qui combattent le pouvoir absolu. La liberté de penser y est entretenue par la liberté de tout dire et de tout écrire. La tolérance religieuse, ce grand dogme moderne que le XVIIIe siècle a eu l'honneur de faire triompher, y est déjà entrée dans les mœurs et dans les lois. — « Un Juif à Amsterdam est un citoyen », écrit le marquis d'Argens, un de ces nombreux Français qui cherchèrent là un abri pour leurs audaces de pensée. L'esprit critique et incrédule, qui allait régner parmi les philosophes français, essayait ses ailes dans un État où toutes les croyances avaient droit de se manifester au grand jour.

Tout ce qui ne peut s'imprimer en France s'imprime donc aux Pays-Bas. Les libraires de la Haye et d'Amsterdam sont des puissances. Ils ont leurs journaux, leurs auteurs attitrés : ceux-ci sont des fils de réfugiés, restés fidèles à la France malgré elle, ou encore des bannis de fraîche date, des écrivains qui préfèrent l'exil à la Bastille. Monde mêlé, où l'on trouve de tout : des gens de cœur qui ont dénoncé des abus publics ; des « gladiateurs de plume », comme on dit, qui tiennent boutique d'insultes et de calomnies ; des moines défroqués, des déserteurs, des escrocs, des joueurs ruinés, des fils de famille déshérités ; beaucoup d'aventuriers qui monnaient le peu qu'ils ont de savoir ou de talent. Parfois un nom illustre brille parmi cette foule obscure. Jean-Baptiste Rousseau, flétri par un arrêt du Parlement, se refait là des lecteurs et des ennemis. Voltaire y apparaît en oiseau de passage. Mais, à côté d'eux, que de querelles et de mesquines rivalités ! Que de polémiques où les combattants s'injurient copieusement !

Et pourtant cette littérature militante et hardie, frondeuse et familière, plus soucieuse de nouveauté que d'élégance, qui se plaisait à aborder des sujets interdits en France et à s'enfermer dans les cadres étroits de la lettre, du pamphlet, de l'article de journal ou de dictionnaire, a exercé sur les esprits une action considérable. Ces enfants perdus ont été l'avant-garde de la langue et de la pensée françaises ; ils ont contribué plus que personne à les répandre, à les éparpiller sur l'Europe. Il n'est pas permis de les passer sous silence.

Mais rentrons en France pour y suivre le mouvement des esprits. Il faut là soigneusement distinguer les époques.

Si l'on fait commencer, comme il convient, le xviiie siècle, en 1715, à la disparition du roi-soleil, il y a jusqu'en 1750 une période où, soit en matière religieuse, soit en matière politique, les esprits gardent une certaine modération dans leur désir de nouveautés et de liberté.

La Régence du duc d'Orléans a été d'abord une revanche effrénée de la dévotion étroite et de la compression rigoureuse qui ont marqué les dernières années du règne de Louis XIV. Quoique Voltaire, débutant, soit mis à la Bastille pour une satire dont il n'est pas l'auteur et réduit ensuite à s'exiler, il y a une éruption impunie de pamphlets et d'écrits satiriques dont les *Lettres persanes* de Montesquieu sont le plus brillant échantillon. Mais cette effervescence se calme assez vite; le calme revient et l'autorité reprend ses droits sous le ministère endormeur du Cardinal Fleury.

Pendant ce temps, les écrivains ne hasardent, en général, que de prudentes hardiesses. Le discret Fontenelle, qui ménage sa vie au compte-gouttes et la conduit jusqu'à cent ans, disait : « Si j'avais la main pleine de vérités, je me garderais bien de l'ouvrir. » On ne laisse entrevoir le fond de sa pensée que par des demi-mots, des réticences, des apologues, des allégories. Aux questions politiques on ne touche guère, de peur de s'y brûler les doigts. L'abbé de Saint-Pierre, pour avoir osé attaquer la mémoire de Louis XIV, est expulsé de l'Académie française et, comme il a élaboré un projet de paix perpétuelle, il est tenu pour demi-fou. L'érudit Fréret est mis à la Bastille pour une dissertation sur *L'origine des Français*. Ce qui passionne alors l'opinion, c'est encore une question religieuse. La bataille n'est plus entre catholiques et protestants; elle n'est pas encore entre incrédules et croyants. Les protestants n'ont plus d'existence légale; aucun livre calviniste n'est toléré. Mais le combat continue acharné entre jésuites et jansénistes. Il se livre à coups de gros bouquins et de journaux, à coups d'injures, de prédications, de miracles. Les jansénistes, persécutés par l'Eglise officielle, verront leurs livres saisis, brûlés; mais soutenus par les Parlements où ils ont des adeptes, possédant des imprimeries clandestines que la police n'arrive jamais à découvrir, ils auront leur revanche. En 1762, les jésuites, moines d'affaires compromis par leurs opérations commerciales, seront chassés de France et supprimés par une bulle pontificale.

Quelques exemples des sévérités qui pleuvent sur les livres durant cette première moitié du siècle montrent que les procédés de l'autorité n'avaient point changé. Le 10 mai 1728, contre le débordement des libelles, une déclaration royale prescrit des règlements draconiens :

« Nous, Louis, etc...

« Voulons que tous les imprimeurs qui seront convaincus d'avoir imprimé, sous quelque titre que ce puisse être, des mémoires, lettres, relations, nouvelles ecclésiastiques ou autres dénominations, des ouvrages ou écrits non revêtus de privilège ou permission, sur des disputes nées ou à naître en matière de religion, et notamment ceux qui seraient contraires aux bulles reçues dans notre royaume, au respect dû à notre Saint Père le Pape, aux évêques et à notre autorité, seront condamnés pour la première fois à être appliqués au carcan, même à plus grande peine, s'il y échoit, sans que la dite peine du carcan puisse être modérée sous quelque prétexte que ce soit; et, en cas de récidive, ordonnons que lesdits imprimeurs soient condamnés aux galères pour cinq ans, laquelle peine ne pourra pareillement être remise ni modérée. »

Ce n'est pas tout encore. Le fouet et le bannissement sont infligés au maître coupable; le brevet qu'il a est tranféré au compagnon ou à l'apprenti qui l'aura dénoncé. Pour empêcher les impressions clandestines, défense aux imprimeurs de fermer leur atelier autrement qu'au loquet; défense d'avoir dans cet atelier une porte de derrière, par où pourrait fuir le corps du délit, en cas de perquisition; défense de se servir de rouleaux, parce que les rouleaux ne font pas de bruit et peuvent aider à dissimuler les opérations suspectes. A chaque instant, visite des ateliers; et, comme on trouve trop mous dans cette besogne les syndics de la corporation, on charge de cette surveillance vingt inspecteurs de police, qui ont au-dessus d'eux un inspecteur général : d'Hemery fut pendant vingt ans à la tête de ce service.

On ne peut citer tous les livres qui eurent à pâtir de ces rigueurs : nommons seulement les plus importants. Les *Lettres Persanes* de Montesquieu paraissent anonymes, datées de Cologne et d'Amsterdam. S'il faut en croire une anecdote douteuse, au moment d'entrer à l'Académie, il en aurait fait faire une édition expurgée à l'usage du Cardinal Fleury, édition où auraient été supprimés les passages où il attaque les courtisans, les moines et donne cinq cents ans au catholicisme pour mourir. Il aurait pu se prétendre calomnié et escroquer ainsi la voix du Cardinal. Ce qui est plus certain, c'est que l'*Esprit des lois* fut imprimé à Genève en 1748, censuré à Rome en 1752 et mis à l'index, vu qu'il prêchait le déisme et la liberté de conscience [1].

Voltaire, exilé en Angleterre, en rapporte les *Lettres Anglaises* ou *Lettres philosophiques*, où il vante le pays de liberté dont il a été l'hôte, le système de Newton, les drames de Shakespeare, et l'inoculation, toutes choses fort mal vues alors en France. Il a soin de les faire paraître à Londres; mais à Paris le libraire qui les met en vente est mis à la Bastille; le livre est condamné à être lacéré et brûlé, comme étant « scandaleux, contraire à la reli-

---

[1] On peut citer, comme contre-partie, cet ironique laissez-passer délivré par CRÉBILLON fils : « J'ai lu l'ouvrage intitulé *Coran* par le sieur MAHOMET et n'y ai rien trouvé de contraire à la religion et aux bonnes mœurs. »

gion, aux bonnes mœurs et au respect dû aux puissances ». L'auteur est poursuivi et n'échappe à la
prison que par la fuite. Il vivra sans cesse un pied
en l'air, aussi près que possible de la frontière. Il passe
ainsi plusieurs années à Cirey, dans la Lorraine qui
n'est pas encore française. Bien lui prend d'être
hors de portée. Il publie *Le Mondain*, un poème
léger où il soutient qu'après tout il fait bon vivre
en notre âge de fer et qu'au Paradis terrestre
Adam devait avoir les ongles longs. Nouvelle
poursuite. Il laisse courir un autre poème, *l'Epître
à Uranie* : cette fois, il est coupable de
déisme. L'histoire de Charles XII n'est pas davantage épargnée. Voltaire vit dans des transes per-
pétuelles à chaque ouvrage qui s'échappe de sa
plume.

Il n'est pas le seul à trembler. L'abbé Prévost,
moine défroqué et abbé fort indépendant, est
banni pour ses romans, et quand il publie *l'Histoire
de M. Cleveland, fils naturel de Cromwell*, en 8 volumes
(1732-1739), le chancelier Daguesseau exige, pour
laisser passer l'ouvrage, que Cleveland se fasse
catholique à la fin.

Contre ces tracasseries de l'autorité, les écrivains
recourent à toute espèce de stratagèmes. Leurs
œuvres paraissent sans nom d'auteur ou sous de
faux noms. Elles sont attribuées par eux à des
hommes de paille, quelquefois à quelque personnage
qui n'y est pour rien. Voltaire ne s'est-il pas un jour
déguisé en pasteur genevois? Une autre fois il

dédie au pape sa tragédie de Mahomet ; ou bien il
joue une étrange comédie, il va à confesse, il communie — et au roi de Prusse, Frédéric II, qui le
lui reproche, il répond : « Que voulez-vous? Quand
on n'a pas 200.000 hommes, il faut bien céder
aux mœurs du temps. » Une excuse habituelle des
écrivains était de dire qu'on leur avait volé leur
manuscrit, qu'on l'avait imprimé à leur insu. De
là le mot de Malesherbes à Diderot : « A l'avenir,
je vous défends d'être volé. »

Si des écrivains réputés étaient ainsi forcés de
choisir entre le mensonge et la Bastille, on pense
bien que libraires et imprimeurs n'obtenaient pas
meilleur traitement. En 1732, le sieur Brunet fils
est condamné à 3.000 livres d'amende, parce qu'on
a constaté chez lui l'existence de 189 exemplaires
d'ouvrages défendus. En 1733, à Sainte-Mene-
hould, plusieurs libraires et imprimeurs sont mis
au carcan pour avoir imprimé et vendu des
ouvrages contraires à la religion et à la tranquillité
publique, et parmi ces ouvrages figurent les *Lettres
provinciales* annotées par Nicole. En 1736, à Paris,
des imprimeurs et libraires sont exposés au pilori
sur la place de Grève et bannis ensuite pour avoir
mis en vente les ouvrages suivants, entachés de
jansénisme : *Pensées sur les prodiges de nos jours,
Réflexions sur la Captivité de Babylone.* En 1737,
un libraire d'Amiens est déchu de la maîtrise pour
avoir imprimé des écrits relatifs aux controverses
religieuses. En 1750, est condamné un libraire

nommé Laguette qui avait eu l'idée originale de se faire envoyer, à l'adresse du lieutenant de police, un ballot de livres prohibés. Il avait espéré esquiver ainsi la visite des livres qui était une formalité redoutée : un libraire ne pouvait recevoir des volumes venant de province ou de l'étranger qu'en ballots plombés, qui devaient être examinés à leur arrivée par le syndic de la corporation et les inspecteurs de police.

Mais quand des règlements sont trop multipliés ou trop tracassiers, on les élude, on les tourne. Le régime du XVIIIe siècle, on l'a dit, c'est celui du despotisme tempéré par l'arbitraire. Les auteurs, qui ne doivent rien publier sans la permission expresse des autorités, s'en passent avec désinvolture : ils en sont quittes pour faire semblant d'avoir imprimé à l'étranger. Personne n'est dupe. Les autorités elles-mêmes sont complices de ces supercheries. Depuis la Régence, existent des permissions dites tacites. On accorde à certains ouvrages une tolérance silencieuse. Il est convenu qu'on ne les poursuivra pas, à condition qu'ils restent anonymes et se débitent sous le manteau. Ces *permissions tacites* sont inscrites sur un registre qui porte ce titre : *Liste des ouvrages imprimés à l'étranger dont le débit est permis en France*. Seulement le registre n'est pas public; il est connu seulement du chancelier, du lieutenant de police et des syndics de la corporation.

A ces indulgences de ceux qui sont chargés

d'exécuter les lois viennent s'ajouter des conflits d'autorités.

Au point de vue religieux, la Sorbonnne et les assemblées générales du clergé [1] revendiquent le contrôle des livres. Ces dernières procèdent par des circulaires adressées aux évêques et par des remontrances au roi. Elles combattent les protestants, les jansénistes, les quiétistes, les casuistes et plus tard les philosophes. Elles font valoir que les ennemis de la religion sont aussi ceux du trône et, en 1782, une d'elles ne propose pas moins qu'une réglementation de la librairie. Mais elles se heurtent à des prétentions rivales. Le Parlement leur refuse souvent la connaissance de matières doctrinales, casse leurs décisions, leur substitue les siennes, et très souvent le roi finit par évoquer l'affaire qu'elles ont soulevée. Aussi, d'ordinaire, sont-elles de simples promotrices de sévérités, et forcées de se rabattre sur la diffusion des apologistes de la religion et sur des récompenses aux auteurs bien pensants.

C'est qu'à côté d'elles le Parlement, le Conseil du roi, le chancelier se disputent le droit d'approuver ou de réprouver les livres. Tel privilège accordé par l'un n'est pas reconnu par l'autre. Telle imprimerie, celle du Louvre, celle des Affaires étrangères à Versailles, est exemptée des règlements que les autres subissent.

---

[1] Thèses des Élèves de l'École des Chartes (1921). *Le rôle des Assemblées générales du clergé de France en matière d'imprimerie et de librairie,* par M. DE LA BORIE DE LA BATUT.

De là une confusion extrême, un relâchement inouï de la discipline sociale. Des libelles défendus se vendent couramment à la sortie des théâtres et les magistrats du Parlement passent parfois pour favorables à ce trafic. A Versailles même, sous les yeux de la cour, ce commerce fleurit. « Il se fait, dit Malesherbes, dans les maisons les plus respectables, par les domestiques ou même par les maîtres. »

Les choses en étaient là vers le milieu du siècle. Mais, à partir de ce moment, elles s'aggravent et les querelles qui passionnent l'opinion changent de nature. Il ne s'agit plus seulement de la bataille entre la musique française et la musique italienne. On peut noter l'entrée en scène d'un groupement organisé, celui des philosophes. Ils n'ont pas une doctrine commune, mais ils revendiquent tous la liberté d'exprimer leur pensée. Ils sont souvent en désaccord, témoin Voltaire et Rousseau ; mais ils sont d'accord pour saper deux piliers de l'ancien régime, le pouvoir absolu du roi, la domination intolérante de l'Eglise catholique. Ils ont deux chefs de file : d'un côté, derrière Voltaire se rangent ceux qui combattent avant tout le despotisme clérical ; de l'autre, derrière Rousseau marchent ceux qui combattent surtout le despotisme politique. Ils ont naturellement contre eux la cour dévote de la reine et du dauphin, les gens en place, les parlements, le clergé, les jésuites et les jansénistes réunis contre un mouvement d'idées qui les menace les uns et les autres. Ils seront violemmment attaqués, vilipendés, persécutés; mais ils finiront par être vainqueurs et ils prépareront les esprits à cette grande transformation sociale qu'on a nommée la Révolution.

Ils sont soutenus par une bonne partie de l'opinion publique et protégés par des souverains étrangers, qu'a séduits le prestige de leur talent. Ceux qui sont contraints de quitter la France ont toujours pour refuge la Hollande. Comme dit Voltaire, elle approvisionne le monde de romans : « Ce n'est pas que les Bataves en sussent faire; mais, comme ils étaient les facteurs de l'univers, ils vendaient l'esprit des autres nations ainsi que leurs denrées. La princesse [1] fit acheter chez Marc-Michel Rey tous les contes que l'on avait écrits chez les Ausoniens et chez les Welches et dont le débit était défendu sagement chez ces peuples pour enrichir les Bataves. » Mais la Hollande n'est pas le seul pays où les écrivains indépendants trouvent asile. Voltaire, le marquis d'Argens, qui est son second en Allemagne, Lamettrie, le matérialiste, sont les commensaux de Frédéric II à Potsdam. .Catherine II de Russie ne dédaigne pas de flatter ces puissance nouvelles que sont les gens de lettres. Lorsque Diderot, à court d'argent, est réduit à vendre sa bibliothèque, c'est la czarine qui l'achète, à condition qu'il en restera le bibliothécaire, sa vie durant; et quand le philosophe, ennemi des prêtres et des

---

[1] *La princesse de Babylone*, ch. VII.

rois, vient à Pétersbourg pour la remercier, elle lui permet de vigoureuses invectives contre le despotisme dont elle est un des plus authentiques représentants. Le despotisme, en ce temps-là, se pique d'être paternel et éclairé.

Mais, en France, la guerre est allumée entre les philosophes et tous les éléments conservateurs. L'année 1757 est dans cette bataille un moment décisif. C'est l'année où un demi-fou, Damiens, blesse le roi Louis XV à la lèvre d'un coup de canif ; il a voulu l'avertir, non le tuer ; un meurtrier ne s'arme pas d'un canif. Néanmoins l'auteur de cet attentat assez insignifiant est écartelé avec un luxe de cruautés, que viennent contempler les belles dames de la cour en plaignant les pauvres chevaux attelés à une si rude besogne. Et le danger qu'a failli courir le roi sert de prétexte à une déclaration draconienne contre les auteurs, imprimeurs et vendeurs de libelles, considérés comme complices et instigateurs de la tentative criminelle. Elle porte, cette déclaration de 1757, la peine de mort contre tous ceux qui auront composé, fait composer, imprimé et distribué « aucuns écrits susceptibles de nuire à la religion, d'émouvoir les esprits et de donner atteinte à l'autorité royale ». Elle porte la peine des galères à perpétuité contre ceux qui n'auraient pas observé les formalités prescrites par les règlements. Elle porte la peine d'une amende de 6.000 livres contre les propriétaires ou les locataires des maisons où existeraient des imprimeries clandestines et qui ne les auraient pas dénoncées.

Cette déclaration se trompait de date. Elle était peu appropriée à un siècle où les juristes travaillaient à proportionner les délits et les peines. Elle était conçue du reste en termes terriblement vagues, qui autorisaient l'arbitraire le plus capricieux. Quel était l'écrit qui pouvait se flatter d'en être à l'abri, du moment qu'il était fautif, s'il se permettait « d'émouvoir les esprits?» On connaît le mot du philosophe Duclos à cette occasion : « Mes amis, parlons de l'éléphant. C'est la seule bête un peu considérable dont on puisse parler impunément. »

Si fort adoucies que fussent alors les mœurs, il y avait de quoi trembler, d'autant qu'une pièce satirique de Palissot, encouragée par la cour, présentait les philosophes comme un ramassis de voleurs et de détraqués. La pièce se terminait par ces deux vers :

> Enfin tout philosophe est banni de céans,
> Et nous ne vivons plus qu'avec d'honnêtes gens.

Les supplices pour délit d'opinion n'avaient pas encore disparu. En 1762, un ministre protestant fut exécuté à Toulouse pour avoir présidé un prêche dans les montagnes. La magie demeurait passible du bûcher. Les Calas et les Sirven allaient être condamnés et ruinés pour des crimes imaginaires, en réalité pour être restés fidèles au culte protestant. Un seigneur de la Franche-Comté n'avait-il pas été exécuté pour avoir mangé un cuissot de chevreuil un vendredi [1] ? En 1759, le poème de Voltaire sur *La loi naturelle* ayant été brûlé par la main du bourreau, ses adversaires allaient répétant qu'on n'arriverait à rien tant qu'on se bornerait à brûler les livres et qu'il fallait brûler aussi les auteurs et les imprimeurs.

Il se trouva heureusement que dans cette époque de passions surexcitées le directeur de la librairie, qui avait la haute main sur la production littéraire, se trouva être un homme très sincèrement et très courageusement libéral, Lamoignon de Malesherbes (1750-1763). Dans des mémoires [2] qu'il écrivit en 1759 et qui étaient destinés à passer sous les yeux du dauphin, il proposait de graves réformes pour organiser le chaos des règlements, auxquels les livres étaient soumis. Il voulait peu de défenses, mais des défenses fixes et fidèlement observées. Il admettait qu'on ne touchât pas à la religion. « Les livres qui lui sont contraires ne peuvent être tolérés en aucun pays. Sur cela tout le monde est d'accord. » Accord problématique, si l'on pense que cela était écrit au siècle de Voltaire et de Diderot : mais un agent du roi écrivant pour le dauphin pouvait-il se dispenser de cette concession à une intolérance traditionnelle? Malesherbes admettait encore qu'on ne touchât pas à l'autorité royale. Mais il souhaitait

---

[1] Emile FAGUET — *Politique comparée de Montesquieu, Rousseau, Voltaire*, (p. 261).

[2] *Mémoires sur la librairie* (5) publiés en 1809, chez Agasse.

qu'on laissât passer tout le reste : attaques contre les ministres qui avaient les moyens de se défendre et de se venger; attaques contre les particuliers, qui ne devaient être réprimées que par les tribunaux ou par un coup d'autorité, s'il s'agissait de hauts personnages; et même ouvrages de caractère grivois, tels que les livres de Rabelais ou les *Contes* de La Fontaine. Il s'élevait surtout contre ces esprits tyranniques qui auraient volontiers supprimé toute opinion contraire à la leur. Ainsi l'un de ces autoritaires avait demandé qu'on empêchât d'imprimer que la musique italienne était supérieure à la française, ce qui était évidemment un crime de lèse-nation. D'autres, appartenant à la gent irritable des hommes de lettres, auraient voulu qu'on les mît à l'abri des piqûres de la critique. De même des administrateurs auraient aimé qu'on n'écrivit point sur le commerce et la législation. Mais Malesherbes, sur tous ces points, se prononçait en faveur de la liberté et, lui aussi, il corrigeait autant qu'il le pouvait par des indulgences muettes les sévérités incohérentes et intermittentes de la loi.

Quelques épisodes de la lutte engagée entre les philosophes et leurs ennemis montreront le sort fait aux livres.

L'ouvrage qu'Helvétius publia sous le titre de *L'Esprit* suscita toute une affaire[1]. L'auteur, fils

---

[1] *Helvétius, Sa vie et son œuvre*, par Albert KEIM. (Paris. F. Alcan 1907).

du médecin de la reine, ancien fermier général, généreux, riche et partant fort considéré, seigneur de Voré dans le Perche et de Lumigny en Brie, appartenait à la cour. Il avait acheté, à beaux deniers comptants, la charge de maître d'hôtel de la reine. Mais, dans son livre, qu'il avait signé de son nom, il attaquait le fanatisme et le despotisme, il déclarait que les passions avaient le droit de s'épanouir librement, il opposait aux coutumes et traditions la raison et la nature; le tout était mêlé d'anecdotes plaisantes et parfois assez égrillardes. La publication eut lieu en 1758, avec privilège et approbation du censeur Tercier, commis aux affaires étrangères. Elle sortait des presses de l'imprimerie particulière de la reine et du dauphin.

Mais à peine *L'Esprit* eut-il paru qu'il fit un bruit d'enfer. Il fut traité de livre scandaleux qui prêchait le matérialisme, ébranlait les bases de la religion et de l'Etat. Helvétius fut épouvanté. — Pourquoi n'avoir pas lancé le volume sous le voile de l'anonymat? — lui disaient ses amis. Menacé de la prison, du bannissenment, le pauvre auteur, qui n'est pas un héros, s'épuise en démarches. « J'en deviendrai fou », écrit-il. Et dans une lettre qu'il adresse à un Père jésuite, il rétracte tout ce qu'on veut, proteste de la pureté de ses intentions, désavoue tout principe qui serait reconnu comme non orthodoxe. Mais cela ne suffit pas. On exige de lui une rétractation plus précise, plus éclatante, plus humiliante. En voici un fragment : « Il est bien cruel et bien douloureux pour moi d'avoir alarmé, scandalisé, révolté même des personnes pieuses, éclairées, respectables, dont j'ambitionnais les suffrages, et de leur avoir donné lieu de suspecter mon cœur et ma religion ; mais c'est ma faute ; je la reconnais dans toute son étendue et je l'expie avec le plus amer repentir ; je souhaite très vivement et très sincèrement que tous ceux qui auront eu le malheur de lire cet ouvrage me fassent la grâce de ne point me juger d'après la fatale impression qui leur en reste. Je souhaite qu'ils sachent que, dès qu'on m'en a fait apercevoir la licence et le danger, je l'ai aussitôt désavoué, proscrit, condamné et ai été le premier à en désirer la suppression... Je n'ai voulu attaquer aucune des vérités du christianisme, que je professe sincèrement dans toute la rigueur de ses dogmes et de sa morale et auquel je me fais gloire de soumettre toutes mes pensées... »

On aurait pu croire que cette amende honorable, si humble et si piteuse, devait suffire. Mais point ! Le déchaînement continue. Toutes les autorités s'en mêlent et se heurtent. Un arrêt du Conseil privé supprime le livre : peut-être était-ce une façon de sauver l'auteur. Mais le Parlement évoque l'affaire. L'archevêque de Paris, Christophe de Beaumont, lance contre lui un mandement. Le pape met le livre à l'index. Le *Journal de Trévoux*, organe des Jésuites, les *Nouvelles ecclésiastiques*, organe des Jansénistes, fulminent de compagnie, et la

Sorbonne, qui examine l'ouvrage, y découvre nombre de propositions répréhensibles : 15 sur la nature de l'âme, 9 sur la religion, 18 sur la morale, 31 sur les passions, 12 sur le gouvernement. Enfin le Parlement, qui intervient à son tour, après un réquisitoire pompeux de l'avocat-général Joly de Fleury, le condamne, le 6 février 1759, avec sept autres livres, à être lacéré et ordonne à tous ceux qui en ont des exemplaires de les remettre entre les mains d'ecclésiastiques désignés.

Heureux d'en être quitte à si bon compte, Helvétius fut encore obligé de se démettre de sa charge et le pauvre censeur Tercier, à qui sa fonction valait 20.000 livres par an, fut impitoyablement révoqué.

Prenons un autre exemple. Un des ouvrages condamnés en même temps que le livre de *L'Esprit* est l'*Encyclopédie, Dictionnaire des connaissances humaines*, c'était le titre qu'elle se donnait. Rien de plus inoffensif en apparence ; mais les philosophes comptaient bien verser toutes leurs idées nouvelles dans les articles qu'ils y inséraient. En 1746, permission d'imprimer lui avait été accordée. Diderot et d'Alembert en étaient les directeurs, et, comme l'entreprise était grosse et exigeait des capitaux considérables, quatre libraires s'étaient associés pour en faire les frais : Lebreton, Briasson, David et Durand.

Mais une première alerte se produisit en 1752. Les deux premiers volumes publiés furent dénoncés

par un mandement de l'archevêque de Paris. Un
arrêt du Conseil les déclara supprimés. Cette suppression, plus fictive que réelle, empêchait les
poursuites ; mais elle n'empêchait pas de continuer
l'ouvrage, si bien qu'en 1759 sept volumes avaient
vu le jour. Alors nouvel orage. Le Parlement entre
en scène, blâme cettte machine de guerre déguisée,
fait ôter son privilège à l'Encyclopédie. Les libraires
sont ruinés ; les souscripteurs sont privés de leur
dû. N'importe ! La société est sauvée. La suspen-
sion ainsi décrétée doit durer six ans. Mais le travail a repris en sourdine. Diderot reçoit et corrige
les articles. Un jour il apprend qu'on va opérer
une perquisition chez lui. Que faire des épreuves
qu'on y saisira ? Il court conter son embarras à
Malesherbes qui, s'il en faut croire une tradition
contemporaine, lui dit : « Eh bien ! Envoyez-les
chez moi ! » Enfin en 1765 on use d'un expédient
commode, de la permission tacite. Les derniers
volumes parurent datés de l'étranger, quoique
composés à Paris.

Une troisième affaire fut celle de *l'Emile* de
J.-J. Rousseau. Ce traité d'éducation fut réellement
édité en Hollande, chez Néaulme, et Malesherbes,
à qui Rousseau l'avait soumis, en corrigea, dit-on,
les épreuves. Une grande dame, Mme de Luxem-
bourg, en distribue elle-même les exemplaires.
Mais cela n'est pas suffisant pour le garantir des
foudres ecclésiastiques et des avanies judiciaires.
L'ouvrage contient la profession de foi du Vicaire

Savoyard, où l'âme profondément religieuse de
l'auteur s'épanche en un vague christianisme sans
dogmes et sans rites. L'archevêque de Paris foudroie
l'imprudent. Le Parlement rend un arrêt contre,
l'ouvrage et décrète la prise de corps contre l'auteur.
Jean-Jacques est forcé de s'enfuir pour ne pas être
jeté en prison : en partant, il rencontre ceux qui
étaient chargés de l'arrêter et qui le saluent en
riant. On eût été embarrassé de sa personne : on
tenait seulement à l'éloigner. Rousseau arrive
ainsi sans encombre en Suisse et s'écrie en passant
la frontière : « Je touche une terre de liberté. »
Hélas ! le malheureux citoyen de Genève voyait
son livre brûlé dans sa ville natale ; il devait quitter
sa patrie comme il avait quitté la France ; et il
n'était pas au bout de ses pérégrinations ; car son
Contrat Social allait susciter, des deux côtés du
Jura, des tempêtes encore plus violentes.

Contre ces mesures autoritaires les philosophes
se défendent avec énergie, avec âpreté. De Ferney,
où il est à deux pas de la frontière, Voltaire drape
de la belle façon Fréron, Pompignan et ses autres
adversaires. C'est alors qu'il prend pour devise :
« Ecrasons l'infâme. » Rousseau répond en
homme libre à l'archevêque de Paris. Mais
la circulation de leurs écrits demeure entravée
ou clandestine. Malesherbes, en 1763, a résigné
ses fonctions de directeur de la librairie. Il est
remplacé par le chancelier Maupeou, qui aggrave
les sévérités dont pâtissaient écrivains et libraires.

Dans l'année 1764 et dans les suivantes, on compte des victimes obscures. A Rouen, Machuel, adjoint au syndic de la corporation, est cassé de son grade et pourquoi ? Parce qu'il a vendu *Le traité de la tolérance*, écrit par Voltaire. A Reims, le libraire Cazin doit payer 3.000 livres d'amende pour avoir mis en vente le *Dictionnaire philosophique* du même Voltaire.

On pourrait dire que la hardiesse des idées exprimées par l'auteur est une excuse à ces poursuites. Mais des livres très inoffensifs sont poursuivis de même. Marmontel, en 1767, publie des *Contes moraux*, qui nous paraissent aujourd'hui pécher surtout par la fadeur. Mais, dans l'un d'eux dont Bélisaire est le héros, il a émis cette assertion : « On n'éclaire pas les esprits avec des bûchers. » Et la Sorbonne condamne et flétrit l'écrivain qui ose déclarer que l'auto-da-fé est un moyen de conversion de valeur douteuse. En 1771, Moreau [1], un homme profondément attaché à la Monarchie, publie un ouvrage qui porte ce titre un peu longuet : *Essai historique et moral sur la nature du gouvernement français sous la première et la quatrième race de nos rois et sur les révolutions que le pouvoir a essuyées.* Il a pris ou cru prendre toutes les précautions nécessaires en touchant au passé politique de la France. Un censeur lui a octroyé une approbation accompagnée d'éloges. Mais le

---

[1] MELLOTÉE, *Ouvrage cité*, p. 113.

chancelier Maupeou est en mauvais termes avec l'auteur. Il refuse la permission d'imprimer. Moreau, qui est bien en cour, qui est même précepteur des enfants royaux, tourne la difficulté : il fait imprimer secrètement son œuvre à l'Imprimerie royale qui ne dépend pas du Chancelier. Celui-ci l'apprend et fait interrompre l'impression. Moreau ne se tient pas pour battu; il trouve à Versailles une autre imprimerie privilégiée, celle des Affaires étrangères. Il parvient enfin à faire paraître son ouvrage qu'il eut encore toutes les peines du monde à répandre parmi le public.

Le Parlement rivalisait d'ardeur avec le chancelier. Ne s'avisa-t-il point de vouloir régenter la médecine, en se faisant fort « d'étouffer, comme Joly de Fleury le dit en son langage emphatique, l'hydre de l'inoculation ». Séguier, qui lui succéda en 1770 comme avocat-général, requiert à son tour contre quantité d'écrits « séditieux, blasphématoires, tendant à détruire toute idée de la divinité, à soulever les peuples contre la religion et le gouvernement, à renverser tous les principes de la sûreté et de l'honnêteté publiques, à détourner les sujets de l'obéissance due à leurs souverains ». Le résultat ne se faisait pas attendre; le chevalier de La Barre était exécuté, non pas seulement pour avoir brisé une croix, mais pour avoir été trouvé en possession de livres défendus. Le Prévost de Beaumont, pour avoir dénoncé le *Pacte de famine*, disparaissait dans la Bastille où il resta vingt et un ans jusqu'au jour où elle fut prise

et détruite. Un contemporain, écrivant ironiquement l'*Apologie de la Bastille*, montrait pourtant à
quoi aboutissaient réquisitoires et poursuites contre
les livres, c'est-à-dire à faire rechercher et vendre
ceux qui avaient l'honneur d'être ainsi recommandés
à l'attention[1] : « Un livre contenait-il quelque
vérité précieuse? Craignait-on que les vers ne détrui-
sissent cette vérité en rongeant le livre? Aussitôt
les magistrats s'assemblaient en grande cérémonie;
ils écrivaient sur une feuille de papier magique,
en forme de réquisitoire aux puissances célestes;
puis, enveloppant le livre de la feuille et de la conju-
ration, ils faisaient jeter le tout, par un de leur suppôts, dans un feu vif et clair; la feuille du réquisitoire seule périssait, et le livre, conservé par elle,
sortait de ce brasier sain, entier, resplendissant de
lumière, incorruptible et presque éternel; c'était
alors à qui le verrait, le lirait, le croirait. »

Sous Louis XVI, le gouvernement ne se départ
point de sa volonté d'arrêter au vol les idées dangereuses. Beaumarchais est obligé de faire imprimer à
Kehl l'édition des œuvres complètes de Voltaire.
Mirabeau, mis en prison, y commence son livre
contre les lettres de cachet qui l'y ont jeté. Mais
il est bien tard pour défendre la méthode préventive
qui croule sous la pression de l'opinion publique.
En 1778, le suprême voyage de Voltaire à Paris a

---

[1] Voir *La France sous Louis XV*, par Henri CARRÉ, p. 173. (Paris,
Bibliothèque d'Histoire illustrée, Quentin).

été un véritable triomphe pour le parti philosophique et la pensée indépendante. C'est en vain que,
le 6 mai 1789, alors que les Etats généraux sont
déjà réunis, le gouvernement édite un dernier règlement qui prétend à supprimer tous les écrits parus
sans permission formelle. Dès 1788 Malesherbes
a écrit son *Mémoire sur la liberté de la pressse*. La
cause, déjà gagnée en Angleterre et en Hollande,
va l'être aussi en France.

CHAPITRE II

LA PRESSE PÉRIODIQUE

§ 1. — Naissance de la presse périodique
« La Gazette » de Renaudot

L'imprimerie n'avait pas seulement multiplié le livre et l'affiche; elle avait fait naître l'écrit paraissant à intervalles réguliers; elle avait créé la presse périodique. Mais il nous faut revenir en arrière pour assister à ses débuts [1].

On connaît assez aujourd'hui la marche d'une grande invention pour ne pas imaginer qu'elle naît armée de toutes pièces, comme Minerve est sortie du cerveau de Jupiter. La vérité est qu'elle se forme peu à peu, grandit et acquiert des forces avec le temps, jusqu'au moment où elle est tout à fait grande fille et apparaît solidement constituée. Il est donc impossible de dire : Tel jour est née la

[1] BAUDOIN, *Anecdotes et recherches sur l'origine de la presse.*
Consulter DUBIEF, *Histoire de la presse* et HATIN, *Histoire politique et littéraire de la presse en France.* (Paris 1859-1861, 8 volumes in-8). P. CHASLES, *Les origines de la presse,* (Revue des Deux Mondes, 1843).

presse périodique — et il est même difficile de déterminer le pays qui fut son premier berceau.

Commençons par dissiper des légendes. On a dit
que les Chinois, bien avant notre ère, ont eu des
journaux. La chose est possible. Mais il est prudent
d'attendre des précisions qui manquent encore. On
a rappelé qu'à Rome, à partir de l'époque où vécut
César, on affichait à certains endroits les *acta diurna*,
c'est-à-dire les faits du jour qui pouvaient intéresser
les citoyens; que des copies de ces placards (textes
officiels et faits divers) étaient expédiées aux provinces et aux armées; que cet usage se maintint
jusqu'au moment où les invasions barbares dislo-
quèrent le monde antique. Mais à peine est-il besoin
de faire observer que ces *communiqués*, comme nous
pourrions les appeler, ne ressemblent que de fort loin
à ce que nous appelons *journal*.

Au moyen âge, le désir ou le besoin d'être ren-
seigné sur ce qui se passe près ou loin de nous fit
recourir à divers moyens. Les colporteurs de nouvelles étaient les marchands et banquiers courant
les foires, les courriers qui, dans des étuis, leur
apportaient des missives de leur pays, les pèlerins
et les moines, qui allaient à Rome, en Terre-Sainte,
à Saint-Jacques-de-Compostelle, ou à quelque autre
sanctuaire, les bouchers que leur commerce pro-
menait de ville en ville, les étudiants que leurs
études conduisaient d'une Université à une autre,
les jongleurs, diseurs de poèmes et de chansons,
qu'on trouvait partout où il y avait des fêtes et

des réunions populaires. Mais dans les derniers
siècles, on rencontre des nouvellistes et des chro-
niqueurs de profession, attachés à des rois et à des
princes et chargés de les tenir au courant des événements récents; on rencontre aussi des agents
diplomatiques, qui envoient à leurs gouvernements,
comme ce fut le cas à Venise, des correspondances
dont il est·pris copie pour quelques grands personnages.

Tout cela, en y joignant les lettres privées, répondait tant bien que mal aux besoins du commerce,
de la politique, de la religion, et aussi à cette curiosité qu'hommes et femmes étendent sur toutes
choses, depuis la littérature jusqu'aux accidents,
depuis les crimes jusqu'aux modes. Mais ces communications étaient plus souvent orales qu'écrites
et forcément rares et intermittentes. Elles étaient
de plus réservées, la plupart du temps, à quelques
privilégiés. Elles ne pouvaient devenir régulières,
rapides, générales que le jour où l'on pourrait multiplier aisément les copies et les faire circuler partout à bon marché. C'est dire que l'imprimerie et
une organisation postale étaient nécessaires pour
que le journal vînt au monde.

Encore se passa-t-il un siècle et demi depuis l'invention de l'imprimerie, avant qu'on songeât à
fournir aux lecteurs un contingent, non quotidien,
mais périodique, de nouvelles. C'est seulement vers
la fin du xvie siècle et au commencement du xvii^e
que dans les pays les plus civilisés d'Europe, à peu

près simultanément, cette idée se fit jour et prit corps. Quelles furent les causes déterminantes de cette innovation ? D'abord la *vie intellectuelle intense* qu'avaient développée la Renaissance et la Réforme ; puis la *vie commerciale intense* qu'avaient déclenchée les découvertes géographiques ; enfin la *vie politique intense* qu'avaient déchaînée les guerres religieuses et les troubles provoqués par elles dans les Etats.

Il y eut des étapes, des formes transitoires. Du nombre furent ces feuilles volantes imprimées à l'occasion d'une fête religieuse, d'un tournoi, d'une entrée royale dans une ville. Du nombre furent aussi les *nouvelles à la main*, c'est-à-dire des cahiers manuscrits qu'un nouvelliste composait d'anecdotes et de bruits recueillis d'ici et de là et colportait de cercle en cercle. Du nombre furent encore ces réunions d'oisifs et de badauds en certains lieux, cabaret, jardin, place publique, où l'on réformait l'Etat, gagnait des batailles, refaisait la carte d'Europe. Toujours est-il que, dans le premier tiers du XVIIe siècle, on en vient à coudre ces feuilles volantes, à reproduire par l'impression ces cahiers manuscrits, et la presse périodique apparaît à la fois en plusieurs pays.

Ces pays, selon la coutume, se sont disputé la priorité. Ce sont là querelles et amusettes d'érudits. Quelques-uns, par patriotisme, sont allés jusqu'à forger de faux documents. Mais le vrai, c'est que sans entente, peut-être sans imitation, une idée qui répondait à un besoin général s'est réalisée de façon différente, incomplète et progressive en plusieurs contrées voisines.

Voici, brièvement résumés, les principaux éléments du débat.

Venise, grande cité marchande, trait d'union entre l'Occident et l'Orient, avait depuis une date impossible à fixer des papiers-nouvelles (*avizi*), qu'on achetait pour une petite pièce de monnaie nommée *Gazette* et qui valait trois liards de France. Cette monnaie a été frappée en 1526 et indique qu'on ne peut guère remonter au-delà de cette année. Le mot de gazette [1] semble avoir passé de la monnaie aux feuilles volantes, aux recueils de nouvelles. On le trouve avec cette acception en France, dès la fin du XVIᵉ siècle. Il a ce sens dans une épigramme d'Agrippa d'Aubigné que cite Littré; et, dès 1620, un édit, daté du 1ᵉʳ avril, interdit en France la circulation des gazettes à la main [2].

En Allemagne, à Augsbourg, la grande maison de banque des Fugger, qui avait des relations avec le monde entier, publia, dès les dernières années du XVIᵉ siècle, des *Ordinari et extraordinari Zeitungen*, qui se vendaient quatre kreutzers, contenaient des articles en allemand, en italien, en latin, et paraissaient à intervalles irréguliers. Il est possible, d'ailleurs, qu'Augsbourg ait été devancé par Francfort,

---

[1] Le mot gazza signifiant pie en italien, on a supposé que *gazetta* serait un diminutif désignant le caquetage de la presse périodique. Mais c'est une étymologie plus ironique que sérieuse.

[2] CAILLET, *ouvrage cité*. Tome II, p. 299.

qui était en ce temps-là le grand marché des livres et où l'on a retrouvé trace d'une publication assez intermittente qui remonte à l'année 1616. On a découvert aussi une publication hebdomadaire, imprimée à Strasbourg en 1609 et dont on possède la collection.

Les Pays-Bas, qui étaient alors le plus riche pays du monde et le plus commerçant, semblent avoir été aussi précoces. A Anvers, en 1620 [1], dans la Hollande, en 1626, on voit apparaître des feuilles de nouvelles qui ont une certaine régularité. A son tour l'Angleterre se met sur les rangs avec un journal qui s'appela *Weekly News* et dont on a retrouvé quelques numéros datés de 1622. Enfin, la France, dès l'année 1609, peut montrer une gazette rimée, dont le prospectus, qui est en vers, annonce qu'elle renseignera sur les modes, les édits, les duels, les accidents; mais la tentative, si elle alla jusqu'à l'exécution et eut recours à l'imprimerie, ne paraît pas avoir réussi, et, dans notre pays, c'est jusqu'en 1630 qu'il faut pousser pour trouver quelque chose qui mérite le nom de journal.

Il faut en faire honneur au médecin Théophraste Renaudot qui était un homme à idées et qui se vante quelque part d'avoir laissé derrière lui plu-

---

[1] Le Dr CABANÈS, dans la *Revue mondiale* (1923), signale que, dès 1494 paraissait en France, au temps de CHARLES VIII, un *Bulletin des armées*: qu'à Anvers, dès 1542, était éditée une plaquette de quatre pages, quand il se produisait un évènement important; et que SAINT FRANÇOIS DE SALES, dès 1595, publiait des feuilles volantes recueillies plus tard en volume sous le titres de *Controverses*.

sieurs innocentes inventions, dont font partie les monts de piété (venus d'Italie) et les dispensaires. Une autre de ces inventions est d'abord un *Bureau de rencontre où chacun peut donner et recevoir avis de toutes les nécessitez et commoditez de la vie et société humaine.* Il commence par publier une feuille de ce bureau d'adresse, feuille d'annonces dont *Les petites affiches* de notre temps peuvent donner une image. Puis il s'enhardit et, le 31 mai 1631, il lance le premier numéro d'une *gazette* imprimée, qui s'engage à publier les nouvelles politiques (celles que le gouvernement veut bien laisser passer, cela s'entend) et aussi les autres événements que nous qualifions de faits divers. Cette Gazette est vendue et criée dans les rues.

Il ne faut pas se figurer quelque chose de grandiose. Pendant tout le XVIIe siècle, elle ne paraît qu'une fois par semaine, sur quatre pages petit in-4º. Il est vrai qu'elle grossit peu à peu. Elle s'augmente de suppléments, d'extraordinaires, comme on dit alors, de factums où Renaudot répond aux critiques qu'on lui adresse. Ce qu'on trouve dans les premiers numéros, ce sont des nouvelles des pays étrangers, vieilles d'un mois environ, quelques réclames en faveur d'une eau minérale ou d'un livre; tout à la fin, à partir du cinquième numéro, quelques nouvelles relatives aux affaires publiques de la France, c'est-à-dire aux cérémonies de cour, aux batailles des armées françaises. Mais point de discussion, de critique, de polémique. La Gazette

est dédiée au roi; elle a le caractère d'organe offi-
cieux du gouvernement.

Telle quelle, la Gazette a grand succès. La preuve,
c'est qu'elle a des jaloux qui la dénigrent, des
ennemis qui essaient de l'empêcher de pénétrer
à l'étranger, des imitateurs qui tentent de la copier.
Mais Renaudot a pour lui des protecteurs puissants :
en première ligne, Richelieu, son compatriote, qui,
en habile politique, a compris l'utilité d'avoir un
organe où il peut faire passer les nouvelles et les
idées qu'il lui semble bon de propager; ensuite,
le roi lui-même qui ne dédaigne pas de collaborer
en personne à ce recueil hebdomadaire et d'y
insérer, incognito, des articles assez piquants contre
la reine.

La Fronde survient, avec une inondation de mazarinades, qui dépassent le nombre de 4.000 et remplissent aujourd'hui plus de 60 volumes. C'est un
moment redoutable pour Renaudot. Sera-t-il
pour ou contre le ministre? Il trouve moyen d'être
à la fois de l'un et de l'autre côté... La *Gazette*, qui
demeure gouvernementale, paraît à Saint-Germain
où Mazarin a installlé une imprimerie dans l'orange-
rie du château. Mais les fils de Renaudot, restés
à Paris, publient *le Courrier*, qui est du parti fron-
deur. Les Parisiens, désorientés, lorsqu'ils sont
privés de la *Gazette*, sont heureux d'avoir pour un
sou le *Courrier* qui sert de contre-partie.

Le calme revenu, Renaudot rentre à Paris où
il meurt en 1562, agé de 72 ans, satisfait de l'œuvre

qu'il a entreprise et menée à bien. La Gazette, qui lui survit, passe à ses héritiers avec le privilège exclusif de donner des nouvelles politiques, privilège qu'ils défendent énergiquement et que l'autorité défend avec plus d'énergie encore.

La politique est, en effet, un terrain réservé. Malheur à qui s'y hasarde ! J'ai cité plus haut les lettres patentes du roi Louis XIII qui, en 1624, entendent mettre les affaires d'Etat à l'abri de la curiosité des publicistes. Après la Fronde, l'autorité est plus sévère encore. En novembre 1652, le Parlement de Paris édicte la peine de mort contre tout auteur, imprimeur ou colporteur de libelles. En 1661, un nouvelliste est fustigé, puis banni de Paris pour cinq ans. En 1672, le libraire Ribou, convaincu d'avoir fait commerce de livres défendus, contraires à la religion, à l'Etat et aux bonnes mœurs, voit sa boutique fermée, et est condamnné au fouet et au bannissement. Si l'on ajoute que les grands seigneurs, quand on touchait à l'un des leurs, s'arrangeaient par la main de leurs valets à parler aux épaules des auteurs indiscrets, on comprend que l'envie de parler des affaires publiques ou privées était par là fortement tempérée. On cite un marquis de Vardes qui fit couper le nez à un libelliste, lequel s'était permis quelques brocards contre sa sœur, la marquise de Guébriant.

Il n'est pas besoin d'en dire davantage pour expliquer pourquoi la presse politique ne pouvait se développer, sinon sous forme clandestine. *La*

Gazette demeura paisiblement en possession de son monopole et fut un journal de tout repos.

§ 2. — LA PRESSE SAVANTE, LITTÉRAIRE ET MONDAINE AU XVIIᵉ SIÈCLE

Mais la presse, arrêtée de ce côté, se lança dans d'autres voies. Seulement tout était privilège alors. *Le Journal des Savants* eut le monopole des nouvelles littéraires et scientifiques; le *Mercure galant*, celui des nouvelles mondaines et des anecdotes légères.

Le premier était encore sorti de l'entourage de l'inventif Renaudot. Celui-ci réunissait chez lui un petit groupe de lettrés, une espèce d'Académie où l'on faisait des conférences sur les nouveautés de la littérature et de la science. On en publia des comptes rendus; puis, un peu plus tard, en 1665, un parlementaire, Denis de Salles, eut l'idée de les insérer dans un recueil hebdomadaire qu'il dénomma *Journal des Savants*. Dans le langage d'aujourd'hui, ce serait plutôt une revue qu'un journal. Mais cet organe de la vie intellectuelle faillit avoir la vie courte. Il s'engageait, entre autres promesses, à donner les censures émanant de la Sorbonne et des Universités. Il s'aventurait de la sorte sur le terrain de la théologie, terrain semé de pièges et de chausse-trappes. Les jésuites, le nonce du pape s'inquiétèrent; ils arrêtèrent une publication qui leur semblait dangereuse. Elle fut reprise en 1666 par l'abbé Gallois qui, plus prudent, déclara qu'il s'abstiendrait de critiquer les livres et mena si bien sa barque que le *Journal des Savants*, transformé il est vrai, acquis par l'Etat en 1701 et confié dès lors à une commission de savants, subsiste encore aujourd'hui.

Quant à la presse légère, qui a pour but d'amuser le public, elle prit des figures diverses. De 1650 à 1665, un Normand, soi-disant poète, Jean Loret, s'avisa de raconter en vers de huit syllabes, qu'on appelait alors vers burlesques, tous les événements de la semaine et de les faire tenir dans une épître adressée à Mme de Longueville. Il fut le chroniqueur du beau monde, l'historiographe des grandes dames et des grands seigneurs. On a recueilli cette chronique versifiée sous le nom de *La Muse historique*. Un des continuateurs de Loret, nommé Mayolas, eut une initiative qui devait rester sans imitateurs pendant cent cinquante ans, mais qui devait en avoir des milliers à notre époque. Il adjoignit à ces tableautins de la semaine mondaine un roman par lettres. Il fut ainsi le créateur du roman-feuilleton destiné de nos jours à une si brillante fortune. On pourrait nommer encore Colletet fils qui, en 1676, essaya de lancer *Le Journal de la Ville de Paris*. Seulement ce nouveau venu n'a eu qu'une existence éphémère ; il fut tué par les détenteurs des monopoles antérieurement accordés.

Mais le journal ou plutôt la revue, qui devait

durer et prospérer, fut *Le Mercure galant*, fondé par Donneau de Visé en 1672 et qui parut tous les mois. Il fut mêlé à toutes les querelles littéraires du temps, en particulier à celle de Racine et de Pradon. La Bruyère eut beau déclarer qu'il était immédiatement au-dessous de rien, il eut un succès éclatant, rapporta 10.000 livres par an à son directeur. Boursault écrivit une pièce qu'il voulut intituler *Le Mercure galant*, pièce où il n'épargnait pas les épigrammes à l'auteur et aux lecteurs. De Visé fut assez puissant pour s'y opposer, si bien que la comédie ne put être jouée que sous le titre de *Pièce sans titre*. *Le Mercure Galant*, protégé, lui aussi, par un privilège royal, traversa sans encombre tout le siècle.

Bien que cette étude soit consacrée à la France, il n'est peut être pas inutile de jeter un coup d'œil sur les pays voisins. C'est la France qui influe d'abord sur eux. *La Gazette* de Renaudot, qui ne s'appellera *Gazette de France* qu'au XVIIIe siècle, a été la mère Gigogne de nombreux journaux. On peut compter dans sa progéniture *La Gazette de Suède* (1644), celles de Harlem (1656), de Leipzig (1658), de Londres (1665). Toutes ont leur intérêt pour l'histoire : aucune n'eut une action considérable. Ce qui leur manquait, c'était avant tout la liberté : les affaires d'Etat étaient tenues jalousement secrètes par les gouvernements. C'était ensuite un gros capital, nécessaire pour créer une grande entreprise; un système de communications, leur permettant d'avoir rapidement les nouvelles et de rayonner sur un vaste territoire ; enfin dans la population la diffusion du savoir, qui seule pouvait leur fournir un nombre sérieux d'abonnés et de lecteurs.

On pourrait croire que la presse politique devait être importante en Angleterre. L'Angleterre était, au xviie siècle, le pays révolutionnaire ; elle avait eu sa République ; elle avait tranché une tête de roi ; elle avait entendu Milton réclamer éloquemment la liberté de la presse [1] ; et plus tard, en 1689, par une seconde révolution, elle avait inauguré un régime constitutionnnel où le roi règne et ne gouverne pas. Or que voyons-nous sur le sol britannique ? Une presse bâillonnée par les Stuarts.

La Chambre étoilée applique sévèrement des lois sévères contre les imprimeurs, libraires et auteurs qui touchaient aux sujets défendus. Sans doute, sous la Restauration qui a remis sur le trône Charles II, tant que les whigs, qui se proclament libéraux, sont au pouvoir, il y a un pullulement de journaux. Mais ils sont minces, paraissent au plus deux fois par semaine : « Chacun d'eux, dit Macaulay, ne contenait pas plus de matière dans l'espace d'un an que le *Times* n'en contient dans deux numéros. » Puis, quand le parti *tory* ou conservateur est le maître de l'heure, ces journaux disparaissent. Le roi n'accorde l'autorisation de parler politique

---

[1] *Histoire d'Angleterre depuis l'avènement de Jacques II*, tome I, p. 425 de la traduction française. — Paris, 1861.

qu'à une seule feuille. *La Gazette de Londres*, qui
paraît le lundi et le jeudi sur deux pages de moyen
format, ne contient guère, avec les annonces de
combats de coqs et les signalements de quelques
voleurs, que les informations banales qu'il plaît à
la Cour de laisser publier. Bien plus ! En dehors de
Londres et des deux Universités d'Oxford et de
Cambridge, il existe à peine une imprimerie dans
tout le royaume. Cependant un second journal,
L'Observateur, que rédige Robert Lestrange, trouve
grâce devant le roi : il est vrai que c'est l'organe
du parti le plus arriéré, le plus fougueusement
réactionnaire. Les choses ne devaient changer qu'à
la suite de la révolution de 1689, qui fut le triomphe
du parti libéral et progressiste. Dès les premières
années du nouveau régime, la censure était abolie dans
le Royaume-Uni de Grande-Bretagne, et, à partir de
ce moment, c'est la presse anglaise qui va influer
à son tour sur la France et lui offrir des modèles.

Mais, en attendant, la France essayait de remédier à l'insuffisance de la presse officielle ou offi-
cieuse par les « nouvelles à la main ». C'étaient des
gazettes manuscrites. Les récolteurs de nouvelles
y inséraient quantité d'anecdoctes piquantes et
de faits qu'il était défendu de révéler. Elles,
couraient de salon en salon, plus tard de café en
café ; elles allaient alimenter les languissantes con-
versations de province. Mais elles étaient poursui-
vies avec une âpreté infatigable. En 1663, un nouvelliste est battu de verges pour avoir composé un

de ces recueils clandestins : il est mis au carcan avec cet écriteau : *gazetier à la main,* ce qui était l'équivalent de pamphlétaire. Cette même année, une douzaine d'auteurs, coupables du même délit, sont emprisonnés à la Bastille. Un arrêt de 1666 octroie aux juges des tribunaux inférieurs le droit de juger en dernier ressort ces folliculaires, et, en 1676, le lieutenant de police La Reynie obtient la prolongation de ce pouvoir arbitraire, attendu qu'un procès en règle aurait ébruité des choses qui devaient rester inconnues du public. En 1683, des libraires et colporteurs sont condamnés aux galères pour avoir distribué ces cahiers assimilés à des libelles. J'ai déjà dit comment ceux qui les fabriquaient se transportèrent en Hollande et je n'ai point à y revenir pour le moment.

Voilà quel fut le sort misérable de la presse politique au XVIIe siècle. La presse littéraire et scientifique fut plus heureuse. La France fut encore sur ce point imitée par les pays voisins. Le *Journal des Savants* eut pour pendant à Londres, en 1665, un recueil intitulé : *Philosophical transaction.* Des revues analogues parurent à Venise, à Florence, à Modène. A Leipzig, avec un grain de pédanterie, s'imprimèrent *Acta eruditorum.* Mais c'est surtout en Hollande que foisonne ce genre de journaux qui, faisant la critique des livres, se heurtent à la vanité des auteurs et réclament de leurs rédacteurs à la fois indépendance et savoir étendu. Leclerc y publie la *Bibliothèque universelle et historique,* qui rend compte de tous les ouvrages importants parus dans les différentes langues d'Europe. Bayle, déjà nommé, inaugure dans ses *Nouvelles de la République des Lettres* une critique spirituelle autant qu'érudite, qui est goûtée même à Paris. Il se formait ainsi une sorte de tribunal international des gens de goût, qui décidait de la valeur des auteurs et des ouvrages. Il existait, rédigé surtout en français, un résumé de la littérature européenne.

Quant à la presse légère, elle bénéficiait de sa légèreté même. Elle volait aisément de clocher en clocher. Le *Mercure galant* eut beaucoup de frères cadets : le *Mercure britannique*, le *Mercure des Pays-Bas*, le *Mercure suisse*, le *Mercure allemand*, le *Mercure étranger*, le *Mercure parisien*, etc. Quantité de recueils périodiques mêlèrent l'amusement à l'instruction, multipliant énigmes, sonnets, acrostiches, anagrammes, jeux d'esprit de tout genre, offrant un débouché aux poètes du crû.

Ainsi se répandait peu à peu la presse périodique. Mais le journal n'était qu'un oisillon qui n'avait pas ouvert ses ailes. A la fin du xviie siècle, il n'y avait pas encore un seul quotidien. Le journalisme allait cependant prendre son essor au xviiie siècle ; mais ce n'était pas en France, c'était dans les pays où le peuple avait son mot à dire sur la conduite des affaires publiques ; c'était surtout en Angleterre, en Hollande, en Suisse et dans les colonies anglaises d'Amérique. En France, il suit de loin le mouvement jusqu'à l'élan décisif et formidable de 1789.

§ 3. — DÉVELOPPEMENT DE LA PRESSE EN ANGLETERRE ET EN HOLLANDE AU XVIIIe SIÈCLE. LA PRESSE CLANDESTINE. LE PREMIER QUOTIDIEN FRANÇAIS (1777).

Il n'entre pas dans le cadre de cet ouvrage de faire l'histoire de la presse étrangère. Mais il convient de noter les innovations qui s'y produisent et qui ont leurs répercussions plus ou moins tardives sur la France.

A Londres, paraît en 1702 le premier journal quotidien, le *Daily courant,* qui n'a d'abord qu'une seule page divisée en deux colonnes, mais qui grandit peu à peu. Puis, au cours des années suivantes, se multiplient les Revues, les *Magazines*, où Daniel de Foë, Richard Steele, Swift, Addison, prodiguent leur esprit et leur verve. Le *Spectateur* de ce dernier, qui tire à 20.000 exemplaires, est apprécié de ce côté du détroit. Un personnage de fantaisie créé par l'écrivain, Mrs Crackenthorp, parente de M. de Crac, qui a sa place dans la presse, fait penser à l'arbre de Cracovie, qui était au Palais-Royal de Paris le centre d'un cercle de nouvellistes. Marivaux rédige à lui tout seul le *Spectateur français* et il soutient cette gageure : ne point parler de politique ni de religion, n'avoir pour ressources ni les vols ni les assassinats ni les affaires de Bourse, se priver des énigmes, charades et autres bagatelles, ne rendre compte ni des pièces nouvelles ni des procès, passer sous silence les changements de la mode et de la lune, n'insérer ni vers ni réclames, n'injurier ni confrères, ni adversaires, ne point débiter de pauvretés sur la science ou les beaux-arts — et quand même attirer et retenir des abonnés en formulant, sans attaquer personne, des idées sur la critique ou des observations personnelles sur le monde, en traitant des questions de morale usuelle, en poursuivant ce but invraisemblable : rendre meilleurs ceux qui le lisent. Marivaux, en 1722, exécute ce tour de force et crée le type de l'*Indigent philosophe* qui ôte leur masque aux hommes et aux choses et qui, à son tour, engendre de nombreux petits.

Cependant, en Angleterre, la presse conquiert, non sans peine, le droit de sténographier les séances du Parlement (1771); elle prend l'habitude d'avoir des comptes rendus des tribunaux (1746), de faire la critique des pièces nouvelles (1761). Elle est si bien reconnue comme une puissance, que le ministre Walpole cultive l'art de la corrompre et de l'acheter. Plus tard, les *Lettres de Junius*, vigoureux publiciste dont on n'a jamais pu percer l'incognito, renversent les ministères, et même ébranlent le trône. Les directeurs de journaux deviennent d'importants personnages : car leurs entreprises sont lucratives et déjà aux mains de sociétés d'actionnaires. Les rédacteurs, au lieu d'être de pauvres hères qu'on prend et renvoie à volonté, sont engagés à l'année. Puis il y a des feuilles pour le matin et pour le soir;

elles ont des manchettes en lettres capitales pour
allécher les lecteurs; elles ont chacune leur spécialité d'annonces. En 1785, l'imprimeur John
Walter crée un organe qu'il appelle *Daily Universal
Register*, où il applique le *système logographique*, qui
consiste, pour la composition, à remplacer les caractères isolés par les combinaisons de lettres qui
reviennent le plus souvent dans les mots, et si le
système, qui a pour but de gagner du temps, disparaît bientôt, il faut en retenir ceci : que le journalisme, qui veut une grande promptitude d'exécution, va forcer l'imprimerie à devenir plus rapide,
être ainsi générateur de progrès techniques. Puis,
au bout de trois ans, John Walter, constatant que
le titre de son journal est trop long et trop compliqué, le change pour un titre plus court qui sonne
bien et que tout le monde connaît aujourd'hui :
c'est le *Times*.

Les colonies anglaises d'Amérique marchent dans
la même voie que la métropole. Leur premier journal
est la *Gazette de Boston*, qui date de 1719 ou 1720.
Puis, avec Benjamin Franklin, qui est à la fois
libraire, imprimeur, papetier, auteur, savant et
homme politique, la presse se développe, compte
déjà, en 1775, trente-sept organes, et collabore acti-
vement à la création des Etats-Unis.

Mais revenons en Europe. La Hollande[1] n'y est

---

[1] Voir *Les Gazettes de Hollande et la presse clandestine aux XVIIe
et XVIIIe siècles*, par E. HATIN (Paris, Princebourde, 1865).

pas seulement une officine de libelles : elle fabrique aussi nombre de journaux et de revues, dont beaucoup en français. La presse n'y jouit pas sans doute d'une liberté absolue. Elle doit compter avec les autorités locales qui n'aiment pas qu'on discute leurs petites affaires et le font bien voir à l'occasion. Elle doit compter aussi avec les réclamations diplomatiques que les puissances étrangères adressent parfois aux Etats généraux de Hollande pour les inviter à modérer les hardiesses des folliculaires. Mais en somme, les journalistes sont là plus libres qu'ailleurs et ils usent largement de la tolérance accordée à leurs écrits.

Il n'y eut pas de journal appelé *Gazette de Hollande*; mais il y eut quantité de gazettes datées d'une des villes des Pays-Bas (Amsterdam, Leyde, La Haye, Utrecht) ou même de la Rhénanie voisine (Clèves, Deux-Ponts, Cologne). Elles composaient ce qu'on peut nommer la presse régulière, en général bien renseignée, donnant des nouvelles qui ailleurs étaient arrêtées. Mais il existait à côté la presse clandestine. Elle portait des titres significatifs : *lardons, brocards, pasquinades*, et elle lardait volontiers les grands de la terre. Par exemple, en 1784, on pouvait lire dans une de ces feuilles les lignes suivantes : « Les biens du marquis de Brancas ne tarderont pas à être vendus. Il annonce qu'il se prépare à faire la banqueroute la plus considérable qu'il pourra ; mais à tout seigneur tout honneur ; elle n'approchera pas de celle du prince de Guéméné.., »

Le métier d'ébruiteur de scandales n'était pas
sans danger. Preuve en soit l'aventure de Victor
de la Cassagne, plus connu sous le nom de Dubourg,
qui était celui de sa mère [1]. Ce natif d'Espalion, qui
avait cru prudent de publier en Allemagne *Le
Mandarin ou l'Espion chinois* [2], où de claires allu-
sions étaient faites aux amours du roi Louis XV,
n'avait pas prévu que les troupes françaises occu-
peraient, en 1745, Francfort-sur-le-Mein où il rési-
dait. Il y fut surpris et arrêté. Transporté au Mont
Saint-Michel, il y fut enfermé dans une cage en bois.
garnie de grilles, ayant huit à neuf pieds en tous
sens et suspendue en l'air dans un endroit tel que
l'eau y filtrait, quand il pleuvait. Interrogé sur son
origine, ses correspondants, ses complices, il répondit de façon évasive. Mais on voulait savoir qui lui
avait fourni des renseignements et qui l'avait poussé
à les rendre publics. On le menaça de la question,
Le pauvre hère, qui était d'un caractère doux et
mélancolique, ne put supporter menaces et souffrances. Il se laissa mourir de faim et expira dans
un accès de délire où il déchirait ses vêtements.
Sa captivité au Mont avait duré un an et quatre
jours [3].

---

[1] Voir Etienne DUPONT. *Les prisonniers du Mont Saint-Michel*,
(Paris, Librairie académique Perrin et Cⁱᵉ, 1913).

[2] A Pékin, rue des Tigres.

[3] BEAUMARCHAIS fut chargé en 1774 d'aller acheter à Londres le
silence de THÉVENOT DE MORANDE, auteur de : *Le gazetier cuirassier
ou Anecdotes scandaleuses de la Cour de France* (1771, Londres). Paul
ROBIQUET a consacré une étude à cet auteur.

A côté de cette presse à scandales vivait toujours en Hollande une presse littéraire et savante, qui avait conquis la considération. Les titres de ces recueils mensuels, qui étaient de véritables revues, étaient significatifs. Ils révèlent le dessein d'être des agents de liaison entre les différentes nations d'Europe. Ils se nomment : L'*Europe savante*, la *Bibliothèque germanique*, la *Bibliothèque française*, la *Bibliothèque anglaise*, *Mémoires secrets de la République des Lettres* (marquis d'Argens), etc. Il y en a tant et tant qu'un de ces recueils s'appellera *La feuille sans titre*, de même qu'au temps où foisonnèrent les Académies l'une d'elles prit le parti de s'intituler : *L'Académie sans nom*. Voltaire dit quelque part qu'il y avait en Europe 173 de ces périodiques mensuels.

Dans cette liste figuraient des journaux qui se publiaient aux portes de la France ou même en France avec un titre étranger. Du nombre était *Le journal encyclopédique de Liège* (1736-1793). Il avait été fondé par un Toulousain, Pierre Rousseau, qui fut un de ces entrepreneurs de publicité comme le XIXe siècle devait en voir beaucoup. Il avait su passer des traités avantageux avec les postes de France et d'Allemagne et réunir autour de lui une pléiade de bons rédacteurs. Ayant eu quelques difficultés avec les théologiens de l'Université de Louvain, il quitta Liège, transféra son établissement dans la ville de Bouillon, plus indépendante, et là, suivant l'expression d'un contemporain, créa une vraie manufacture littéraire. Une de ses créations fut aussi une société typographique. Bientôt, à son *Journal encyclopédique*, il ajoutait une *Gazette salutaire*, qui était composée de recettes médicales, une *Gazette des Gazettes*, qui était une revue de la presse européenne, et il arrivait ainsi à se procurer, non seulement une vie opulente, mais une espèce de puissance.

Un peu différent fut *Le Courrier de l'Europe*, qui parut d'abord à Londres en français, mais qui s'imprima plus tard à Boulogne-sur-Mer, par une de ces tolérances et supercheries qui furent alors communes. Il eut pour rédacteur Brissot de Warville qui fut par deux fois l'hôte de la Bastille et qui devait plus tard prendre une part active à la Révolution.

On peut en dire autant du *Journal de Genève* (1772)[1] qui s'imprimait à Paris et qui avait pour éditeur le libraire Panckoucke[2], encore un de ces entreprenants faiseurs d'affaires qui voyaient dans la presse une excellente vache à lait. Panckoucke n'hésitait pas à s'attacher, en le payant 10.000 livres par an, ce qui était pour l'époque une très grosse somme, l'avocat Linguet, dont les déclamations passionnées avaient fait alors beaucoup de tapage. Du même genre était le *Journal de Bruxelles*[3], qui, lui aussi, s'imprimait à Paris.

---

[1] Il s'intitulait : *Journal historique et politique*.

[2] Charles-Joseph (1736-1798), le deuxième de cette dynastie originaire de Lille.

[3] Il s'appelait aussi : *Le Journal de politique et littérature*.

On voit combien était cultivé en France l'art de
respecter la loi en la tournant ou de la tourner en
ayant l'air de la respecter. C'était la conséquence
du régime de privilèges et de dérogations auquel la
presse française était soumise et qui dépendait des
caprices d'un ministre ou d'une favorite. De presse
politique au grand jour, il ne pouvait être question :
elle est impossible dans une monarchie absolue.
Seules filtraient les nouvelles qui venaient du dehors
et qui étaient avidement recherchées : en 1779, sur
41 journaux qui se vendaient à Paris, 14 venaient
de l'étranger. On se dédommageait par les nouvelles
à la main qui circulaient plus que jamais. Le salon
de Mme Doublet de Persan [1] était un de ces ateliers
où se confectionnaient ces commérages couchés sur
le papier. Chaque habitué apportait ses histoires,
ses récits; on les écrivait aussitôt; on les complé-
tait, on les rectifiait. Il s'en formait un petit recueil
que les domestiques de la maison recopiaient, et le
cahier s'en allait colporté à travers la ville. De temps
en temps on mettait à la Bastille quelqu'un des
auteurs supposés ou véritables. Le lieutenant de
police, M. de Sartines, fit supprimer ces copies manuscrites. Un *Pater* [2] que l'on trouve au dernier numéro
suffit à indiquer le ton de ces gazettes furtives :
« Notre père, qui êtes à Versailles, que votre nom soit
glorifié; votre règne est ébranlé; votre volonté n'est

---

[1] Voir, sur Mme DOUBLET : FOURNIER, *Chroniques et légendes des
rues de Paris*, (Paris, Dentu, 1893, p. 232).

[2] Voir de CHAMBURE, *A travers la presse* (Paris, in-8, 1914).

pas plus exécutée sur la terre que dans le ciel. Rendez-
nous notre pain quotidien que vous nous avez ôté.
Pardonnez à vos Parlements qui ont soutenu nos
intérêts comme nous pardonnons à vos ministres qui
les ont vendus; ne succombez plus aux tentations
de la Du Barry; mais délivrez-nous du diable de
chancelier [1]. »

Il va sans dire que les nouvelles à la main, après
une éclipse de quelques mois, reparaissaient et continuèrent à courir de main en main jusqu'à la fin de
l'ancien régime.

En fait de gazette autorisée à donner quelques
renseignements politiques, la *Gazette de France*, qui
était la vieille *Gazette* de Renaudot, fut la seule jusqu'au règne de Louis XVI : elle était rédigée de
façon à ne porter aucun ombrage au pouvoir. Faute
de presse politique, la France avait au moins une
presse littéraire très active et une presse légère assez
piquante et gaillarde.

Le *Journal des Savants* était, peut-on dire, l'organe de la littérature officielle; ses rédacteurs appartenaient aux diverses Académies; c'était une feuille
privilégiée. On ne pouvait toucher aux sujets littéraires et scientifiques, qui étaient de son ressort,
sans acheter sa permission, sans lui payer une rede-
vance. Ainsi faisait le *Mercure*. Ainsi firent, au début
du xviiie siècle, moyennant un tribut de 300 livres
par an, l'abbé Desfontaines, qui créait *Les Nou-*

---

[1] Le chancelier MAUPEOU.

velles du Parnasse, et plus tard Fréron, qui fondait
L'Année littéraire. Ces deux journaux entendaient
faire la critique des œuvres des contemporains.
Mais la critique ne se différenciait guère de la satire
et les gens de lettres, qui avaient l'épiderme très
sensible, regimbaient contre les piqûres et plus encore
contre les coups qui leur étaient assénés par ordre,
au nom de l'Eglise et au nom de l'Etat. Les deux
gazetiers dénonçaient à la vindicte publique les
ouvrages des philosophes ; ils prenaient ainsi figure
d'exécuteurs patentés et payés. Le métier qu'ils
exerçaient était par suite considéré comme peu
honorable. Les ministres se servaient d'eux et les
méprisaient. C'est à l'abbé Desfontaines que d'Ar-
genson fit une réponse terrible. Le gazetier s'excu-
sait de la triste besogne à laquelle il était réduit :
« Il faut bien que je vive », disait-il piteusement.
« Je n'en vois pas la nécessité », répliquait le
ministre.

Quant à Fréron, qui, malgré ses attaches avec le
parti dévot, tâta de la Bastille et du Fort-l'Evêque,
il fut mis en scène par Voltaire dans la comédie satirique intitulée *L'Ecossaise,* sous le nom transparent
de Frelon ; il se défendit vaillamment contre les
sarcasmes de son redoutable adversaire et il faut
constater à sa gloire qu'il réussit parfois à mettre
les rieurs de son côté.

Il existait d'autres journaux comme l'*Almanach
des Muses,* où les poètes de province déposaient
leurs vers. Mais la seule grosse entreprise en ce

genre fut tentée par Suard et Arnaud, qui, étant déjà directeurs de la *Gazette de France,* voulurent y adjoindre la *Gazette littéraire de l'Europe.* Aussitôt, ceux qui étaient en possession du monopole jetèrent feu et flamme. Ils intentèrent un procès aux deux audacieux. Seulement, dans cette fin du XVIIIe siècle, les privilégiés étaient assez mal vus, et les deux écrivains qui osaient leur tenir tête étaient bien en cour. La *Gazette littéraire de l'Europe* parut sous les auspices du ministère des Affaires étrangères. Mais ce ne fut qu'un météore : elle disparut au bout de deux ans.

En même temps, se développait une autre presse qui ne risquait pas d'exciter les passions. C'était, en 1768, *Le Courrier de la Mode.* Un peu plus tard, ce furent une *Gazette des deuils* et un *Nécrologe des hommes célèbres de France,* sur lequel se rabattit Palissot, l'ennemi vaincu des philosophes. C'était encore, sous le titre bizarre de *Gazetier du Patriote,* une feuille qui promettait de faire connaître les naissances, les mariages et les décès. C'était enfin un journal fantaisiste et amusant que Beffroy de Reigny lançait sous le titre de : *Lunes du Cousin Jacques.* Il l'appelait lui-même une folie périodique ; et, en effet, ce journal lunatique contenait tantôt une page toute blanche, tantôt une page toute noire, parfois une page imprimée à l'envers ou parsemée de larmes d'argent comme un drap funéraire. Le directeur se faisait souvent payer l'abonnement en nature, soit par une caisse de vin, soit par une culotte de velours qu'on lui envoyait, et il était parvenu, paraît-il, à se faire ainsi une vie assez grasse.

Mais toutes ces tentatives furent éclipsées par l'apparition du premier quotidien français. Il se nomma : *Le Journal de Paris* et fut offert aux Parisiens, en guise d'étrennes, le 1er janvier 1777. Trois hommes étaient à la tête de l'entreprise : Dussieux, Corancez et Cadet. Sur ce trio de novateurs tomba une grêle d'épigrammes, d'autant que l'un d'eux, Cadet, était apothicaire de son métier. Mais quoi ! *Le Journal de Paris* paraissait avec un privilège dûment energistré. Il promettait de donner chaque jour la liste des livres nouveaux, la description des fêtes, les programmes des spectacles, les changements de la mode, les prix des denrées, des notices sur les savants français et étrangers, les arrêts des cours de justice, l'annonce des cérémonies religieuses, le cours des valeurs, les numéros sortis à la loterie, les prévisions sur la pluie et le beau temps, etc. C'était déjà la table des matières d'un journal de nos jours. Ces belles promesses furent médiocrement tenues. Cet ancêtre de nos quotidiens n'avait que quatre petites pages in-4°, qui équivaudraient à peu près à une colonne du journal *Le Temps*. C'était peu, et pourtant le nouveau journal accusait par an 100.000 livres de bénéfice net et, en lutte perpétuelle avec la *Gazette de France* pour la question des annonces, il dura jusqu'au commencement de la Révolution.

La Révolution ! C'est là qu'il faut nous arrêter. Le journalisme, ce géant qui a tout envahi de nos jours et qui n'était encore qu'un enfant à peine capable d'égratigner sa nourrice, comme dit Rabelais quelque part, allait tout à coup grandir démesurément. Déjà, dans les années qui précèdent la convocation des États généraux, ce fut une éruption de pamphlets et de brochures qui traitaient de toutes les questions politiques et financières et, dès le 2 mai 1789, Mirabeau revendiquait et conquérait la liberté de la presse. On entrait dans une nouvelle ère.

Les Cahiers de 1789, qui émanent de la noblesse et du clergé, sont hostiles à la liberté de la presse. Ceux du Tiers la réclament, mais ils admettent qu'on pourra poursuivre « tout ce que ces écrits pourront contenir de contraire à la religion dominante, à l'ordre général, à l'honnêteté publique ». Ils désirent surtout l'abolition de la censure préalable, qui était alors exercée par 33 censeurs pour la jurisprudence, 21 pour la médecine, 5 pour l'anatomie, 8 pour l'histoire naturelle et la chimie, 9 pour les mathématiques et la physique, 80, dont 21 abbés, pour les belles-lettres et l'histoire [1].

---

[1] Edme CHAMPION, *La France d'après les Cahiers de* 1789 (Paris, Armand Colin, 1922, p. 74).

CHAPITRE III

CONDITION DES TRAVAILLEURS INTELLECTUELS DU LIVRE

Si rapide et sommaire que veuille et doive être cet historique des métiers qui gravitent autour de l'imprimerie, il n'est pas possible de laisser de côté la condition économique et sociale faite aux travailleurs intellectuels du livre, soit à ceux qui les écrivent, soit à ceux qui ont pour mission de les conserver.

§ 1. — Les Gens de Lettres

Les auteurs, qui fournissent de la copie aux imprimeurs, ne sont certes pas quantité négligeable. Non pas qu'il s'agisse ici de faire l'histoire de leurs écrits ; il s'agit seulement de savoir ce qu'ils leur rapportaient, de considérer la littérature au point de vue alimentaire, de rechercher ce qu'elle valait comme gagne-pain.

Elle valait bien peu de chose. Au XVIe siècle, en France, les écrivains, les poètes ont pour ressource ordinaire les libéralités royales et princières, et les bénéfices ecclésiastiques, dont les rois, depuis le Concordat signé par François Ier, sont devenus les dispensateurs. Marot, malade et volé par son valet, fait appel à la bourse du roi. Joachim du Bellay devient intendant de son parent, le cardinal du même nom et il en souffre :

> J'étais né pour la Muse ; on me fait mesnager.

Jodelle est payé par Charles IX pour faire l'apologie de la Saint-Barthélémy, vilaine besogne, s'il en fut, et négligé, oublié par son royal protecteur qui le laisse mourir de misère, il s'écrie lamentablement :

> Qui se sert de la lampe au moins de l'huile y met.

Heureux ceux qui trouvent un abri dans quelque bien d'Eglise ! Rabelais est curé de Meudon. Ronsard, futur pape, comme disent ironiquement les huguenots, a plusieurs abbayes, reçoit de Marie Stuart un buffet valant 2.000 écus et de sa rivale Elisabeth de superbes diamants ; il mourra dans le prieuré de Saint-Cosme, qu'il possède près de Tours.

Si celui qu'on appelle alors le prince des poètes est abondamment doté par ses admirateurs, les autres ont peine à vivre, et le contraste est douloureux entre la haute opinion qu'ils ont de leur art et la situation humiliée qui leur échoit. La Renaissance leur a inspiré des rêves d'immortalité, mais elle les laisse dans la dépendance des grands seigneurs.

Les choses ne changent guère dans la première moitié du XVIIe siècle. On entend le dramaturge Hardy, qui a fait représenter plus de 200 pièces, pousser ce gémissement : « Les fers de la pauvreté empêchent l'esprit de voler dans les cieux. » Régnier, qui est cependant pourvu d'un canonicat, se plaint (Satire IV) de la misère qui est le lot du poète et il dresse en pied l'effigie grotesque du poète crotté, un type que Boileau nous peindra comme un parasite,

> Qui quête son dîner de cuisine en cuisine.

Maynard dira de son côté :

> Pégase est un cheval qui porte
> Les poètes à l'hôpital.

Les plus grands écrivains du temps ne dédaignent pas de faire les doux yeux aux cassettes des financiers. Pierre Corneille dédie sa tragédie de *Cinna* à M. de Montauron et il le compare à l'empereur Auguste, ce qui est mettre de bien grands souliers à de bien petits pieds ; il écrit sans sourciller : « On ne saurait voir d'un coup d'œil la grande étendue de son esprit. » Tout poète du temps est un mendiant plus ou moins digne, plus ou moins adroit. Scarron s'intitule : *le malade de la reine* et s'efforce de lui soutirer quelques écus en la faisant rire. Bois-Robert est le bouffon de Richelieu. Le surintendant

Fouquet fait largesse à Pellisson, à La Fontaine, qui n'hésitera pas à se faire héberger par de grandes dames [1] : tous deux au moins paieront leur bienfaiteur en efforts pour le sauver. D'autres, attachés à la maison de quelque prince, comme secrétaires ou aumôniers, paient en flatteries les aubaines dont ils profitent : c'est le cas de Voiture, de Sarrazin; ce dernier sera, il est vrai, battu par le prince de Conti; c'est l'usage de parler aux épaules des gens de lettres qui s'émancipent par trop.

Cependant une légère amélioration s'opère. Richelieu a créé l'Académie française. Non seulement les écrivains s'y rencontrent, y prennent une leçon de solidarité et s'accoutument à être traités en personnages qu'on respecte; mais bientôt, grâce à Colbert, ils toucheront des jetons de présence; ils auront au moins de quoi ne pas mourir de faim. Puis Chapelain est chargé de dresser une liste d'auteurs pensionnés par le roi, c'est-à-dire par l'Etat. Il a l'effronterie de se mettre en tête en s'adjugeant 3.000 livres, alors que Corneille n'en touche que 2.000; mais il a le mérite de ne pas oublier sur la liste son ennemi intime, Boileau.

---

[1] LA FONTAINE, dans sa fable : *L'avantage de la science* (Livre VII, 19) écrit en parlant des savants et lettrés :

> *Que sert à vos pareils de lire incessamment ?*
> *Ils sont toujours logés à la troisième chambre,*
> *Vêtus au mois de juin comme au mois de décembre.*
> *Ayant pour tout laquais leur ombre seulement.*
> *La République a bien affaire*
> *De gens qui ne dépensent rien.*

Celui-ci, ainsi que Racine, toucheront de plus des émoluments en qualité d'historiographes du roi, une fonction qui les forcera de suivre Louis XIV aux armées et de faire un peu tardivement l'apprentissage de l'équitation.

Malheureusement, les pensions inscrites ne sont pas payées régulièrement. Elles cessent même tout à fait de l'être[1]. On a gros cœur à entendre Corneille déclarer qu'il est soûl de gloire et affamé d'argent, dire avec amertume :

Un grand roi ne promet que ce qu'il peut tenir,

et terminer crûment l'épître qu'il lui adresse par cette demande :

« *Sire un bon mot de grâce à M. de la Chaise.* »

Le P. de la Chaise était le confesseur du roi et il avait en mains la disposition des bénéfices.

On dira que les auteurs avaient du moins ce que leur rappportaient leurs ouvrages. C'est un gain appréciable pour les auteurs de tragédies, comédies, drames, ballets, opéras, pastorales, parce qu'ils s'adressent à un public qui se renouvelle, et qu'ils récoltent quelques avantages pécuniaires à contribuer aux plaisirs de la cour. Mais encore fallait-il qu'on ne leur volât pas le profit qu'ils étaient en droit de

---

[1] Les bureaux de finances furent des ressources précieuses pour les littérateurs. Mais se rappeler la tirade de Clitandre à Trissotin (*Les femmes savantes*, Acte IV, Scène III). Elle est dure pour les mendiants de la cassette royale.

tirer de leurs œuvres, une fois qu'elles étaient imprimées. Or, Molière voyait une de ses pièces, *Sganarelle,* paraître sans son aveu et sans qu'il lui en revînt un denier. Cependant un libraire octroyait 150 livres à la veuve de Molière pour avoir le droit d'éditer les écrits du grand comique qui n'avaient pas été imprimés de son vivant [1]. Les comédiens trouvaient toujours trop grosse la part que l'auteur avait dans la recette et une actrice, Mlle de Luzy, s'écria un jour en plein foyer : « Eh quoi ! n'y aurait-il pas moyen de se passer de ces coquins d'auteurs ! [2] » Il faut ajouter que ces coquins n'avaient pas le droit de vendre eux-mêmes leurs propres productions ; c'eût été empiéter sur les privilèges des libraires ; et, en 1708, Lulli, le musicien, ayant voulu écouler de cette façon ses morceaux de musique, fut cité en justice et condamné.

Quant aux auteurs, qui n'écrivaient pas pour le théâtre, ils cédaient à un libraire pour quelques centaines d'écus leur manuscrit dont ils perdaient dès lors la libre disposition et le profit éventuel. Scarron se pique bien de vivre sur ce qu'il appelle son marquisat de Quinet (Quinet était son éditeur). Mais il ne néglige pas de se tailler un supplément en sollicitant les largesses de la reine, voire même du Mazarin qu'il devait draper un peu plus tard de la belle manière. Barbin, le grand libraire au

---

[1] Voir P. DUPONT. *Histoire de l'imprimerie* (I).

[2] Mot cité par LOLIÉE. *Nos gens de lettres,* p. 270.

temps de Louis XIV, conclut des marchés avantageux, où il achète la propriété d'un livre, avec Boileau, qui fut quelques années titulaire du prieuré de Saint-Paterne et qui ne consentit à mettre son nom qu'à la dernière édition de ses œuvres. La Bruyère, attaché à un prince de Condé en qualité de précepteur, puis de bibliothécaire, était logé dans l'hôtel du prince où il avait le vivre, le couvert avec 1.000 écus de pension, ce qui lui permettait de faire cadeau à la petite-fille de son libraire de la somme que devait lui valoir l'édition des *Caractères*.

Nous manquons de données précises sur ce que les livres ont bien pu rapporter aux libraires et aux auteurs durant le XVIIe siècle. Mais il est certain qu'au siècle suivant il s'est produit pour les uns et les autres une hausse des profits. On est au lendemain d'une grande époque littéraire. On s'avise que les grands écrivains comptent autant pour la gloire d'un pays que les grands capitaines ou les grands diplomates, qu'ils font hors des frontières des conquêtes plus durables que celles des armées royales. La fonction d'écrire est relevée dans l'opinion. L'estime méritée par les Corneille, les Molière, les Racine rejaillit sur leurs successeurs, et leur condition sociale en est aussitôt améliorée.

Puis ils s'adressent à un public élargi. Le cercle où était enfermée leur production s'étend à toute l'Europe. L'aristocratie de tout pays tient à honneur de lire et de parler le français. En France même, le nombre de ceux qui s'intéressent aux lettres a grandi formidablement. Une bourgeoisie riche, active, éprise de liberté, a pris les philosophes pour ses porte-parole.

Aussi les écrivains ne recherchent-ils plus guère cette domesticité brillante dont ils vivaient[1]. Ils comptent maintenant sur Monsieur Tout le Monde et non plus sur la protection des grands. Ils rompent avec l'Eglise et avec la royauté qui leur procurent des séjours à la Bastille en place de pensions et de bénéfices. Montesquieu, à qui l'on offre une de ces faveurs autrefois bienvenues, répond dédaigneusement : « N'ayant point fait de bassesses, je n'éprouve pas le besoin d'être consolé par des grâces. » Voltaire administre sagement sa fortune en vrai fils de notaire qu'il est, la grossit de ce qu'il gagne, prête aux grands seigneurs, devient leur créancier au lieu d'être leur parasite, et, à la fin de sa vie, il est seigneur de Ferney, possède un château, des terres, 80.000 livres de rentes viagères, 40.000 de revenu en biens fonds et 600.000 de créances et valeurs diverses en portefeuille. Il a su conquérir son indépendance économique, et, de plus, il est vraiment le roi intellectuel du siècle. Sa mort et ses obsèques sont un événement national.

Sans doute il s'en faut que tous les gens de lettres arrivent à cette opulence. Il en est qui tirent une partie de leur subsistance des prix distribués par

---

[1] C'est de LESAGE que l'on peut dater le métier d'écrivain vivant de sa plume.

les Académies de Paris ou de province (Thomas,
Marmontel, J.-J. Rousseau même). Ce dernier gagne
sa vie comme copiste de musique; mais, par un
contraste étrange, cet apôtre de la démocratie est
très souvent l'hôte et le commensal d'aristocrates
qui l'hébergent (Mᵐᵉ d'Epinay, le duc de Luxem-
bourg, etc.). A défaut d'égards et de faveurs qui
leur sont souvent refusés en France (car Louis XV
ne les aime pas), les écrivains connus sont appelés,
choyés par les princes étrangers. D'Alembert est
pensionné par Frédéric II de Prusse, qui soupe et se
querelle avec Voltaire, avec d'Argens. Piron, à qui
un noble dispute la préséance, dit : « Puisque les titres
sont connus, je passe le premier. » La considération
dont ils sont l'objet pousse parfois les libraires à se
montrer généreux envers eux. Marc-Michel Rey, le
libraire hollandais, à qui les écrits de Jean-Jacques
ont valu des sommes considérables, tient à lui prouver sa gratitude et Rousseau est le premier à divul-
guer une action, laquelle, dit-il, a peu d'exemples
chez les libraires : « En reconnaissance des profits
qu'il prétend avoir faits sur mes ouvrages, il vient
de passer, en faveur de ma gouvernante, l'acte
d'une pension viagère de trois cents livres; et cela
de son propre mouvement et de la manière du
monde la plus obligeante... Je sais que le sieur Rey
n'a pas une bonne réputation dans ce pays-ci et
j'ai eu moi-même plus d'une occasion de m'en
plaindre, quoique jamais sur des questions d'intérêt
ni sur sa fidélité à faire honneur à ses engagements.

Mais il est constant aussi qu'il est généralement estimé en Hollande; et voilà, ce me semble, un fait authentique qui doit effacer bien des imputations vagues [1]. » Le fait, pour être rare, n'est pourtant pas isolé; un autre libraire de Hollande avait offert à Bayle d'augmenter la rétribution convenue avec lui et Panckoucke agit de même en faveur des rédacteurs du *Dictionnaire des Sciences Médicales.*

Toutefois, il ne manque pas encore de pauvres diables qui sont acculés à de tristes expédients [2]. Palissot, pour obtenir les libéralités de la cour, se fait l'insulteur des philosophes et cela ne lui réussit pas. Gilbert suit la même voie, ce qui ne l'empêche pas,

> Au banquet de la vie, infortuné convive,

d'aller mourir à l'hôpital. Mais à regarder l'ensemble, à voir surtout les profits sérieux que commencent à donner le théâtre, le roman et même le journalisme, il n'est pas douteux que la situation des gens de lettres a beaucoup monté durant le XVIIIe siècle.

---

[1] Lettre de ROUSSEAU à M. de MALESHERBES, le 7 mai 1762.

[2] Sur la condition des journalistes, voir le troisième volume de cet ouvrage. VOLTAIRE (*Remarques sur les mensonges imprimés*) écrit, à propos des nouvellistes qui refont la carte de l'Europe : « Entrez chez un de ces grands plénipotentiaires, vous trouverez un pauvre scribe en robe de chambre et en bonnet de nuit, sans meubles et sans feu, qui compile et altère des gazettes. »

§ 2. — LIBRAIRES ET ÉDITEURS
LES PRIVILÈGES ET LA PROPRIÉTÉ LITTÉRAIRE

Il serait intéressant de savoir la part qui revient dans cette ascension indéniable aux libraires et éditeurs. Mais les documents sont rares sur ce sujet. Il faudrait avoir les livres de comptes des libraires, le chiffre des tirages de leurs éditions. Peut-être un jour aura-t-on ces éléments indispensables à une solide étude économique. Mais, en attendant, nous ne pouvons que glaner quelques détails dans la correspondance des écrivains et aussi dans les règlements officiels imposés à la librairie.

Ce que nous savons, c'est que le papier était cher et les tirages médiocrement élevés. La vente des livres à Paris était gênée, parce que les libraires, sauf exceptions difficilement obtenues, ne pouvaient s'établir que dans le quartier de l'Université, qu'il leur était interdit d'avoir ailleurs des succursales et même d'étaler leurs marchandises sur les quais. Toute boutique qui essayait de s'ouvrir dans un autre quartier, en particulier sur la rive droite de la Seine, était impitoyablement fermée et la vente ne s'opérait là que par des marchands ambulants qui n'offraient pas toujours la surface et les garanties désirables. De plus, pour les livres venant de l'étranger, tout ballot était soumis à plusieurs visites, d'abord dans les villes qui étaient seules qualifiées pour l'entrée de ces produits toujours suspects, ensuite à leur arrivée dans la capitale ; les libraires devaient aussi, chaque fois qu'ils en étaient requis, déclarer tous les volumes qu'ils avaient en boutique et en magasin.

Pour la circulation dans le royaume, les livres bénéficiaient, il est vrai, ainsi que le matériel d'imprimerie, d'une exemption de droits. Mais les livres allant de Paris en province étaient à leur tour soumis à la formalité des visites, ce qui n'accélérait pas leur diffusion. Du reste, les libraires de Paris et de Lyon étaient privilégiés ; ils avaient trouvé moyen d'infliger des conditions difficiles à leurs confrères des autres villes. Ainsi, pour n'en citer qu'un exemple, les livres imprimés à Rouen ne pouvaient venir à Paris que par eau, ce qui allongeait singulièrement la durée du transport.

Quant au commerce avec l'étranger, il était assez actif avec l'Espagne, le Portugal, l'Italie et il se faisait par l'intermédiaire de colporteurs nommés bizouards. Mais dans les autres pays voisins de la France, Allemagne, Suisse, Pays-Bas, les livres français passaient pour être trop chers et la *contrefaction*, comme on disait alors, y sévissait intensément.

Cette contrefaçon, qui s'exerçait aux dépens des libraires et des auteurs, était en ce temps-là une plaie saignante pour la France. Quelquefois, le livre, avant même d'être mis en vente, était contrefait par quelque libraire interlope qui avait pu surprendre les épreuves ou le manuscrit. C'étaient alors des éditions fautives, où l'on pouvait noter tantôt des lacunes, tantôt des additions, toujours fâcheuses, souvent dangereuses. Les auteurs prenaient des précautions infinies pour éviter ce désastre. Ainsi, Voltaire faisait composer la moitié d'un ouvrage à Paris, l'autre moitié à Rouen, ce qui n'empêchait pas l'ouvrage de paraître plus ou moins estropié dans une autre ville. Le même Voltaire, pour parer aux tracas et transes que lui causait son poème de *La Pucelle*, dont plusieurs copies, augmentées de passages licencieux, couraient çà et là, en faisait faire 12.000 copies, toutes différentes et toutes fausses, afin de pouvoir les désavouer. Durant son séjour à Lausanne, il fulminait contre un libraire de cette ville, Grasset, qui voulait réimprimer malgré lui certaines de ses œuvres et il écrivait au recteur de l'Académie [1] pour qu'elle arrêtât cette publication. Mais elle avait lieu quand même et Grasset rééditait, sous le nom de *Guerre littéraire*, les attaques dont l'irritable écrivain avait été l'objet et les réponses qu'il y avait faites. C'est à propos d'une publication du même genre, où l'on avait placé son portrait entre ceux de La Baumelle et de Fréron, ses deux ennemis les plus acharnés, qu'il écrivit cette épigramme :

> Lejay vient de mettre Voltaire,
> Entre Labaumelle et Fréron.
> Ce serait vraiment un calvaire,
> S'il s'y trouvait un bon larron.

---

[1] Sa lettre est conservée dans les archives de l'Université de Lausanne.

On voit par ces exemples comment le droit des imprimeurs à tirer parti des ouvrages qu'ils avaient édités et le droit des auteurs à tirer profit des écrits qu'ils avaient composés étaient mal protégés. Cette protection fut nulle pendant tout l'ancien régime en ce qui concernait les pays étrangers. A l'intérieur du royaume, on essaya de la réglementer, et elle donna lieu à bien des controverses et à bien des hésitations.

C'est qu'en effet la question n'est pas simple. Imprimeurs, éditeurs, auteurs et public y interviennent avec des intérêts qui s'opposent les uns aux autres.

Il y eut au début, et pendant fort longtemps, deux tendances contradictoires. Les imprimeurs obtenaient pour leur livre des privilèges, qui leur assuraient pour quelques années la vente exclusive des livres qu'ils avaient confectionnés : et les auteurs profitaient indirectement du monopole accordé à celui qui achetait et imprimait leurs manuscrits ; ils pouvaient les céder à meilleur compte, dès que l'imprimeur jouissait d'une certaine durée lui permettant de couvrir ses frais. Ces privilèges, qui étaient des faveurs royales, pouvaient être prolongés, et le Conseil du roi était, en général, favorable à leur prolongation, qui était pour le pouvoir central une occasion d'exercer son autorité et de percevoir une taxe. — Mais, d'autre part, si le privilège s'éternisait, les livres risquaient de devenir très chers ; les imprimeurs de province étaient condamnés à ne pas pouvoir rééditer ce que les éditeurs parisiens avaient une fois lancé sur le marché. Ne convenait-il pas que les livres, au bout d'un certain temps, tombassent dans le domaine public, qu'ils pussent être réimprimés et par cela même vendus meilleur marché. Les Parlements étaient donc contraires au renouvellement des privilèges ; ils défendaient la cause des lecteurs qui, en l'espèce, sont les consommateurs.

De bonne heure, une distinction s'imposa. Pouvait-on traiter de même les livres anciens et les livres récents ? Evidemment non. Il était inadmissible qu'il fût défendu de faire une nouvelle édition de Cicéron ou d'Homère, sous prétexte que tel imprimeur en avait fait une. Mais on pouvait admettre qu'un auteur vivant restât libre de disposer de son œuvre, et la réservât à tel ou tel libraire avec lequel il avait traité. Dès 1586, l'avocat Marion, combattant un arrêt du Parlement, rendu en 1578, écrivait : « L'auteur d'un livre en est du tout maître et comme tel en peut disposer librement, même le posséder toujours sous sa main privée ainsi qu'un esclave, ou l'émanciper en lui concédant la liberté commune. » Il rattachait ainsi le droit de l'imprimeur au droit primordial de l'auteur.

En 1618, lorsque se constitua la communauté des imprimeurs-libraires, ce fut cette théorie qui l'emporta. Les livres anciens étaient implicitement abandonnés au domaine public ; les livres récents restaient au bénéfice des privilèges octroyés, qui (c'était une concession aux adversaires) ne pouvaient être prolongés, que si la matière de l'édition nouvelle était augmentée d'un quart.

Dans les années qui suivirent, ces décisions furent assez mal observées ; elles furent surtout attaquées par les imprimeurs de province, et, en l'année 1723, l'avocat Louis d'Héricourt leur répondit en formulant nettement ce principe : « Ce ne sont point les privilèges que le roi accorde aux libraires qui les rendent propriétaires des livres qu'ils impriment, mais uniquement l'acquisition du manuscrit dont l'auteur leur transmet la propriété au moyen du prix qu'il en reçoit. »

La propriété littéraire ainsi proclamée au profit de l'éditeur et de l'auteur était alors mise sur le même pied que la propriété d'une terre, d'une maison, d'un meuble. Elle était déclarée perpétuelle, pour l'un et l'autre et leurs descendants.

Jusqu'alors, les intérêts des auteurs et des éditeurs se confondaient. Mais, puisqu'il était admis que les derniers ne devenaient propriétaires que parce qu'ils étaient les concessionnaires des premiers, les héritiers de l'auteur pouvaient réclamer et reprendre la propriété de ses œuvres, à l'expiration du privilège accordé. Le cas se présenta en 1761 ; les petites-filles de La Fontaine revendiquèrent pour elles le droit exclusif de laisser reproduire les œuvres de leur aïeul et un arrêt du Conseil du Roi leur donna raison.

Cette perpétuité des droits d'auteur devenait

embarrassante. L'arrêt du 30 août 1777 s'efforça de
tenir la balance entre les intérêts qui se heurtaient.
Il reconnaît que le privilège est « une grâce fondée
en justice »; puis il ne parle pas des livres anciens;
il les abandonne tacitement au domaine public. Il
ordonne que les privilèges accordés aux libraires le
seront pour dix ans au moins, afin qu'ils puissent
pendant ce temps rentrer dans leurs avances, et
même qu'ils pourront durer autant que la vie de
l'auteur du manuscrit. Il reprend la prescription
imposée en 1618 à toute demande de prolongation
de privilège : augmentation d'un quart dans les
nouveaux volumes. Enfin il accorde à la propriété
de l'auteur une perpétuité conditionnelle : lui et
ses hoirs auront la faculté de vendre, sans limitation
de temps, ses propres ouvrages, pourvu qu'ils le
fassent chez eux, sans intervention aucune d'un
libraire. C'était une faculté à peu près illusoire :
mais cet arrêt de 1777, si discutable qu'il soit, était
une reconnaissance formelle des droits de l'auteur et
l'amorce de la législation qui devait, dans les siècles
suivants, relever à la fois la situation matérielle et
la dignité des écrivains.

§ 3. — BIBLIOPHOBES, BIBLIOPHILES ET BIBLIOTHÉCAIRES

Ce n'est pas tout d'écrire, d'imprimer et de relier
des livres; il s'agit de les conserver et de les utiliser.

Mais méritent-ils tous d'être conservés ? Il est bien évident que, dans la masse énorme des imprimés, il y a beaucoup de fatras, de papier indûment noirci. Aussi les livres ont-ils eu de tout temps des ennemis.

Je ne parle pas seulement des rats et souris qui les grignotent, des vers qui les percent de trous innombrables, du soleil qui les brûle, de l'humidité qui fait éclore sur eux toute une floraison de moisissures. Je parle d'humains qui, par principe, les redoutent et les condamnent. Un gouverneur de la Virginie, dans un rapport adressé, en 1660, au roi d'Angleterre Charles II, disait que Dieu merci ! il n'y avait dans la colonie ni écoles gratuites, ni imprimeries et il exprimait l'espoir qu'il n'y en aurait pas d'ici à trois siècles, puisque l'instruction avait apporté au monde, en guise de cadeau, la rébellion et l'hérésie que la presse avait ensuite répandues partout. De même Rousseau, quand, au nom d'un état de nature imaginaire, il soutint brillamment ce paradoxe que les arts et les lettres ont corrompu la société, n'oublia pas de maudire l'imprimerie, qu'il appela l'art d'éterniser les extravagances de l'esprit humain. Il donna en exemple le sultan Achmet, qui avait fait jeter dans un puits la première presse qu'on voulut installer à Constantinople. Puis il s'écria : « Dieu tout puissant, toi qui tiens dans tes mains les esprits, délivre-nous des lumières et des funestes arts de nos pères et rends-nous l'ignorance, l'innocence et la pauvreté, les seuls biens qui soient précieux devant toi. » Il a écrit encore (*Emile*, livre III) : « Je hais les livres ; ils n'apprennent qu'à parler de ce qu'on ne sait pas. » Il ne faisait grâce qu'aux livres de la religion et sans doute à ceux qu'il composait lui-même, puisqu'il n'a pas dédaigné d'augmenter notablement la somme des livres existants. Sébastien Mercier, lui faisant écho vers la fin du XVIIIe siècle, demandait la suppression des bibliothèques.

Conformément à ce noir pessimisme, il n'a pas manqué de destructeurs de livres. Sans remonter à ce potentat d'Assyrie, qui faisait brûler l'histoire de ses prédécesseurs, ou à cet empereur chinois qui n'entendait laisser subsister que les ouvrages relatifs à l'astrologie, à la médecine et au passé de sa famille, les guerres, les émeutes, les révolutions ont été des causes actives de mort pour manuscrits et imprimés. Depuis la fameuse bibliothèque d'Alexandrie, qui fut incendiée dans une sédition chrétienne, combien de précieux écrits ont disparu pendant les invasions des barbares, des Sarrazins, des Normands, pendant les saccages de villes et de couvents ! Combien de parchemins ont été grattés par les moines qui remplaçaient par leurs propres élucubrations des caractères qu'ils ne savaient pas lire ! Combien de livres musulmans ont été victimes des croisés ou des autodafés ordonnés en Espagne par le cardinal Ximenès (80.000, dit-on, après la prise de Grenade). Combien d'autres précieux documents se sont consumés sur les bûchers allumés à Florence par les prédications de Savonarole et dans le Nouveau Monde par le zèle chrétien des conquistadors.

Mais, pour nous en tenir à ceux qui ont péri depuis et malgré l'invention de l'imprimerie, ce fut un procédé ordinaire des Eglises catholiques et réformées, comme des gouvernements, de condamner au feu les livres qui menaçaient leur domination. J'ai conté plus haut comment les livres juifs eurent peine à échapper à ce traitement radical.

Faut-il nommer ceux qui ont mutilé les livres en y découpant les images qu'ils contenaient ? On punit aujourd'hui ceux qui se livrent à cette opération dans les bibliothèques publiques; ce fut pourtant un des passe-temps favoris de Henri de Valois, roi de France. Il est à craindre que, chez les bourgeois, les in-folio, comme le gros Plutarque, cher au Chrysále de Molière, aient servi non seulement à mettre des rabats, mais se soient parfois transformés en herbiers. Les cornets des épiciers et des marchands de tabac ont dispersé souvent des morceaux d'écrivains mis en pièces. Les patrons des tailleurs ont été plus d'une fois coupés dans l'épaisseur d'un volume. N'y a-t-il pas eu des moments où l'on a connu de véritables équarrisseurs de vieux bouquins, chez lesquels on allait s'approvisionner de parchemin ? Les femmes ont été accusées de faire leurs papillottes ou de couvrir leurs pots de confiture avec de glorieux débris où palpitait encore le cœur d'un poète ou d'un orateur.

En dépit de ces carnages, le nombre des imprimés a grandi démesurément : depuis le XVIIe siècle jusqu'à nos jours, rien que pour la zoologie, on a compté 400.000 travaux. C'est donc qu'on a pris la peine de transmettre à la postérité ces volumes où sont condensées les énergies intellectuelles des générations successives.

La conservation des livres peut être individuelle ou collective : c'est-à-dire qu'il y a des bibliothèques particulières et fermées et des bibliothèques ouvertes au public.

Les bibliothèques privées sont en nombre infini ; ceux qui les possèdent s'échelonnent depuis l'écolier qui a ses livres de classe et ses livres de prix, jusqu'au professeur, au savant, au publiciste pour qui ses chers bouquins sont des instruments de travail, depuis le paysan qui garde, rangés sur une planche, un almanach, un catéchisme, quelque vieille brochure contenant des recettes d'agriculture ou de cuisine, jusqu'à l'amateur passionné qui aligne dans de belles armoires des romans, des poèmes richement habillés et superbement illustrés.

Ici les bibliophiles ont rendu de réels services. Ils ont été les promoteurs des éditions de luxe, les chevaliers du beau livre. Dès le début de l'imprimerie, en Italie, les papes, les Médicis, les cardinaux, les princes de la maison d'Este, Thomas, Majoli, Démétrius Canevari, ont apprécié, recherché, commandé des volumes qu'ils paraient de leurs armoiries. En France, au xvie siècle, on connaît les élégantes reliures de Grolier qui avait imaginé ce fraternel *ex libris* : *Grolieri et amicorum* (livres, appartenant à Grolier et à ses amis); le Cardinal de Lorraine fut animé de la même passion; plus tard De Thou, l'historien, Gabriel Naudé, qui partagea ce goût avec Mazarin, au XVIIIe siècle les fermiers généraux, sachant élégamment dépenser des trésors souvent mal acquis, ont leur place parmi ceux qui ont aimé et encouragé l'art appliqué à la typographie. On peut citer aussi quelques femmes qui ont pardonné aux livres d'être leurs rivaux dans l'amour des hommes : Anne de Bretagne, Catherine de Médicis, qui sur ce point chassait de race, Mme de Pompadour [1].

Le malheur est que les volumes réunis par les bibliophiles n'étaient à la portée que de rares privilégiés. Il fallait, à côté, des bibliothèques accessibles aux travailleurs et au commun des mortels. L'antiquité en avait créé; il y en eut à Athènes, à Alexandrie. Rome, au temps de Constantin, en avait compté vingt-neuf. Au moyen âge les couvents, les chapitres de cathédrales, les Universités avaient maintenu la tradition. Les livres mis à la disposition, non pas de tout le monde, mais de telle ou telle catégorie de lecteurs, moines, chanoines, étudiants, étaient souvent enchaînés, précaution utile contre les voleurs que n'arrêtaient pas toujours les anathèmes inscrits à la première page contre ceux qui se rendraient coupables de pareil méfait.

---

[1] Voir à ce sujet, Albert CIM : *Le Livre*, 5 volumes illustrés in-16 (Paris, Flammarion).

A Venise, vers la fin du xv⁰ siècle, la bibliothèque de Saint-Marc, qui fut ouverte au public par le cardinal Bessarion, perdit ainsi bon nombre de pièces qui s'envolèrent à l'aventure. Il est curieux de noter que l'écolier, qui sur son livre dessine une potence avec cette inscription macaronique :

> Aspice Pierrot pendu
> Quod librum n'a pas rendu,

conserve sans le savoir la survivance d'un usage qui remonte à la Renaissance et au moyen âge.

Mais peu à peu l'on s'avise que le savoir entassé dans les bibliothèques est le patrimoine commun du genre humain. Au xvii⁰ siècle, Mazarin ouvre, en 1642, aux lettrés qui désirent y avoir accès, sa bibliothèque, qui, en 1691, deviendra tout à fait publique. En ce temps-là on ne voit encore que trois autres bibliothèques qui aient ce caractère, à Milan, à Oxford et à Rome.

Le branle est donné. Le mouvement s'accélère au siècle suivant et témoigne nettement de ce qu'on appelle alors le progrès des lumières. A Paris, d'année en année, sont ouvertes à certains jours d'abord la Bibliothèque de l'Abbaye de Saint-Victor, puis celle des Avocats (1704), celle des Pères de la Doctrine chrétienne (1715), celle du Roi (1736).

Cette dernière avait été fondée par le roi Charles V ; elle comprenait, en 1373, 973 volumes. Mais elle avait eu des destinées malheureuses. Elle avait été enlevée par Bedford et les Anglais. Reconstituée par Louis XI, elle comptait, vers 1510, 2.000 volumes. Elle avait voyagé : d'abord installée à Blois, elle s'était trouvée transférée à Fontainebleau, où elle fut confiée à Guillaume Budé. Un édit de 1556 lui promettait un enrichissement régulier; il ordonnait qu'un exemplaire de tout livre nouveau y serait déposé [1]. L'édit, comme tant d'autres, fut assez mal observé. Néanmoins elle grossissait; elle était transportée à Paris en 1599, et installée par Colbert dans l'hôtel de Nevers, rue Vivienne. En 1666, son inventaire accusait 35.000 volumes, en 1714, 43.000 imprimés, et, en 1789, logée au Palais Cardinal, elle avait atteint le chiffre de 300.000.

Les grandes villes de France suivaient l'exemple de la capitale; mais, pour nous en tenir aux ressources offertes aux habitants de Paris, maintes bibliothèques y devenaient accessibles aux lecteurs et chercheurs. C'étaient, en 1736, la Bibliothèque de Sainte-Marguerite, composée surtout de livres de piété, qui inaugurait un système de prêts à domicile; en 1744, celle de Saint-Germain-des-Prés; en 1746, celle de l'Ecole de médecine; en 1759, celle de Sainte-Geneviève; en 1763, celle de la Ville de Paris; en 1770, celle de l'Université.

Si l'on ajoute que plusieurs communautés religieuses et plusieurs familles nobles (les Soubise,

---

[1] Raoul SPIFAME avait préconisé, entre autres idées, celle de ce dépôt égal.

les Paulmy, les Noailles, les d'Harcourt, les de
Broglie, les Brissac, les Breteuil, les Luynes, les La
Trémouille, etc.) permettaient volontiers aux
savants et aux lettrés d'utiliser les collections
qu'elles avaient rassemblées, on comprendra quelle
diffusion de connaissances de tous genres s'était
opérée dans l'aristocratie et dans la bourgeoisie
française, pendant le demi-siècle qui précéda
et prépara la grande secousse de 1789. Les idées,
jusqu'alors enfermées dans les livres, allaient en
sortir impétueuses et vivaces, courir les rues au
grand jour et se ruer dans la vie et l'action sous le
chaud soleil de la liberté.

APPENDICE

SUPPLÉMENT BIBLIOGRAPHIQUE

M. Paul MELLOTTÉE. — *Histoire économique de l'imprimerie* (Paris, Hachette, 1905), a donné, pour l'imprimerie sous l'ancien régime, une abondante bibliographie qui comprend les manuscrits, les ouvrages imprimés des différentes époques, et les ouvrages qui s'en sont occupés dans l'époque contemporaine (pp. 481-517).

M. Louis RADIGUER. — *Maîtres Imprimeurs et ouvriers typographes* (1470-1903), (Paris, Société nouvelle de librairie et d'édition, 1903), a donné aussi une bibliographie importante, dont les pages 513-520 se rapportent à l'époque étudiée en ce volume.

M. Roger PICARD. — *Les cahiers de 1789 et les classes ouvrières.* (Paris, Marcel Rivière et Cie, 1910), a indiqué (pp. 7-22), les sources où il a puisé.

Guide dans les Bibliothèques de Paris (Paris, Welter, 1908).

Nous avons indiqué, chemin faisant, la plupart des autres ouvrages que nous avons consultés.

TABLE DES MATIÈRES

———

Chapitre III

L'évolution du métier

DEUXIÈME PARTIE

Condition politique et sociale des travailleurs du livre et du journal

Chapitre Premier

Rapports de l'imprimerie avec l'Église et les pouvoirs publics

CHAPITRE II

La presse périodique

CHAPITRE III

Condition des travailleurs intellectuels du livre

IMPRIMERIE DU COMMERCE, 3, RUE SAINT-MAURILLE, ANGERS